Geschenke
aus der Küche

AUTORIN: SABINE VON IMHOFF | FOTOS: JÖRN RYNIO

Praxistipps

- 4 Wissenswertes rund ums Schenken
- 6 Geschenke in letzter Minute – von Mandelsplitter über Glühweingewürz bis Kandis in Rum
- 64 Was es zum Verpacken braucht: Schachteln, Kisten, Dosen, Bänder …

Umschlagklappe hinten:
 Flaschen, Gläser und Formen
 Verpackungskünste

Extra

Umschlagklappe vorne:
 Die 10 GU-Erfolgstipps – mit Gelinggarantie
 für tolle Geschenke

- 60 Register
- 62 Impressum

Rezepte

8 Sicher im Kasten

- 9 Knusperwölkchen
- 10 Schoko-Nuss-Herz
- 12 Nuss-Frucht-Rauten
- 14 Cookies
- 14 Liebesäpfel
- 16 Aprikosenherz
- 18 Marzipankonfekt
- 18 Schokoladentrüffel
- 20 Walnussdatteln im Mäntelchen

22 Ab in die Tüte

- 23 Karamellnüsse
- 24 Wild-Gewürzmischung
- 24 Reis-Gewürzmischung
- 25 Gewürznüsse
- 25 Grissini mit Thymian
- 27 Früchtebrot
- 28 Osterbrot

30 Alles unter Verschluss

- 31 Beerenmarmelade
- 32 Marzipankuchen im Glas
- 32 Nusskuchen im Glas
- 34 Kirschkompott
- 34 Punschorangen
- 36 Rosmarin-Ofentomaten
- 38 Birnenchutney
- 39 Mangochutney
- 39 Rote-Bete-Chutney
- 41 Rehrillettes
- 42 Entenleberpastete
- 42 Lachsrillettes mit Oliven
- 44 Feigensenf
- 44 Oliven-Tapenade
- 45 Pistazienpesto
- 45 Tomaten-Tapenade
- 46 Marinierter Ziegenkäse
- 46 Estragon-Champignons

48 Flaschengeister

- 49 Zitronenmelissesirup
- 50 Brombeerlikör
- 50 Schokoladenlikör
- 52 Beerenlimes
- 52 Orangensirup
- 54 Grüner Tomatenketchup
- 55 Basilikumöl
- 55 Asiaöl
- 56 Portwein-Vinaigrette
- 57 Zwetschgenessig
- 57 Dattelessig
- 58 Karamell-Vanille-Sauce
- 58 Himbeersauce

BASIS-ÜBERLEGUNGEN

Wissenswertes rund ums Schenken

Sie lieben die schönen Dinge des Lebens? Sie kennen Menschen, die diese Leidenschaft mit Ihnen teilen und sich über ein kulinarisches Geschenk riesig freuen?

Dann überraschen Sie liebe Freunde, nahe Verwandte, gute und flüchtige Bekannte mit einem Geschenk. Schenken macht Spaß und bringt viel Sympathie. Mit etwas Selbstgemachtem gelingt das immer noch am besten. Vor allem, wenn das Geschenk auch noch kunstvoll und fantasiereich verpackt wurde. Kulinarische Geschenke sind besonders reizvoll. Nicht nur, weil man sie nirgends kaufen kann, sondern weil sie mit viel Aufmerksamkeit ausgewählt, zubereitet und verpackt sind. Liebe und Freundschaft gehen nun mal durch den Magen. Und anderen eine Freude zu bereiten, ist eine der schönsten Nebenbeschäftigungen! Sie investieren Zeit, Kreativität und bringen so dem Beschenkten Wertschätzung entgegen.

Zu jedem Anlass etwas Passendes

Eingeladen wird man rund ums Jahr. Anlässe dazu gibt es viele – Geburtstage von Freunden und Verwandten, der Kaffeeklatsch bei der Nachbarin, das große Familienfest, die coole Dinner-Party oder der gemütliche Spieleabend. Auch saisonale Ereignisse wie Ostern, Erntedank, Halloween, Advent oder Weihnachten sind gute Gelegenheiten für ein fröhliches Stelldichein. Und immer wieder stellt sich dann die Frage »Was bringe ich mit«. Kaufen kann man fast alles. Aber wo bleibt dabei das Persönliche, das Liebevolle? Es macht doch viel mehr Eindruck, wenn das Mitgebrachte dem Gastgeber oder Beschenkten signalisiert – da hat sich jemand Gedanken gemacht und etwas Zeit investiert.

Wer bekommt was?

Wer überraschen möchte, braucht eine gute Beobachtungsgabe, ein wenig Fingerspitzengefühl, etwas Einfühlungsvermögen und das richtige Gespür für den jeweiligen Anlass. Auch ein Notizbuch zum Eintragen von Vorlieben und Abneigungen ist manchmal nützlich, wenn man über ein passendes Geschenk für einen bestimmten Menschen nachdenkt. So freut sich vielleicht die Bekannte über eine Kleinigkeit zum Knabbern, der hilfsbereite Kollege über einen Kuchen im Glas, der Hobbykoch über eine extravagante Gewürzmischung, der Feinschmecker über eine raffinierte Pastete und die Familie wie jedes Jahr über das traditionelle Osterbrot.

Selbstgemachtes und Gekauftes

Wenn es mehr als nur eine Kleinigkeit oder ein Mitbringsel aus der Küche sein darf, dann lässt sich das Selbstgemachte individuell mit gekauften Kleinigkeiten kombinieren. Handliche Küchenutensilien wie Kunststoffkochlöffel, ein kleiner Schneebesen oder eine Nudelzange können ein Geschenk aufwerten. Auch Zutaten aus dem Rezept oder passende Beigaben lassen sich mit etwas Selbstgemachtem kombinieren, etwa der Sekt oder Prosecco zum Limes. Oder zum Likör schenkt man gleich die Likörgläser dazu, zu edlem Essig und Kräuteröl passt ein Essig-Öl-Set oder eine Salatschüssel mit Salatbesteck. Selbst gemachte Delikatessen wie Pasteten oder Rillettes machen sich besonders gut in einer passenden Form.

Zeit und Haltbarkeit

Ein Blick in den Kalender genügt, um rechtzeitig mit den Besorgungen und Vorbereitungen für ein Geschenk aus der Küche zu beginnen. Manche Geschenke in diesem Buch brauchen etwas mehr Zeit und müssen länger ziehen, ruhen oder marinieren. Es gibt aber auch Geschenkideen, die im Handumdrehen oder in allerletzter Minute fertig sind. Andere Geschenke müssen gut gekühlt werden und sind nicht so lange haltbar. Die Haltbarkeit der kulinarischen Geschenke in diesem Buch kann stark variieren – von einer Woche bis zu einem halben Jahr. Die Angaben dazu finden Sie bei den jeweiligen Rezepten. Und manche Geschenke wie Kuchen im Glas, Marmelade oder Chutneys lassen sich auf Vorrat zubereiten und bei Bedarf verschenken.

Zum Füllen vorbereiten

Für Eingemachtes, Mariniertes, Marmeladen, Chutneys, Likör oder Sirup braucht man Einmachgläser mit gut sitzenden Gummiringen und Klammern, Gläser mit Bügelverschluss, Schraubgläser, im Handel auch als Twist-off-Gläser erhältlich, und dekorative Flaschen. Vor dem Füllen müssen diese Gefäße mit heißem Wasser gründlich gereinigt werden, damit der jeweilige Inhalt nicht vorzeitig verdirbt. Flaschen für Likör, Essig und Öl deshalb sicherheitshalber zuvor zehn Minuten in kochendes Wasser legen, dann erst abtropfen lassen und mithilfe eines Trichters vorsichtig füllen.

Verpackungsphilosophie

Natürlich braucht das selbst Gebackene, Gerührte oder Gemixte immer eine passende Umhüllung. Wer rechtzeitig sammelt und seinen Fundus immer wieder ergänzt oder austauscht, muss sich nicht erst alles mühsam zusammensuchen, sondern hat eine Kiste, Box oder Schublade, worin alles gesammelt wird, was zum Verpacken originell, extravagant oder witzig ist. Das können schönes Papier, aparte Stoffe, Bänder und Schleifen sowie kleine Extras zum Aufpeppen des Geschenkes sein. Denn ein Geschenk, ob groß oder klein, einfach oder wertvoll, erhält durch eine attraktive Verpackung einen zusätzlichen Reiz. Ein kostbares Geschenk in kreativer Verpackung steigert nicht nur die Spannung beim Beschenkten, sie kann den Wert eines Geschenkes noch betonen. Andererseits kann der Wert eines einfachen Geschenkes durch eine liebevoll gestaltete Hülle an Wert gewinnen.

Geschenke in letzter Minute

Wie schön! Eine spontane Einladung flattert ins Haus. Doch: Was bringt man mit? Hier ein paar pfiffige Ideen für schnell gemachte Mitbringsel.

Mandelsplitter Für 20 Stück 100 g Mandelstifte in einer Pfanne ohne Fett goldgelb rösten und abkühlen lassen. 100 g Zartbitterschokolade in eine Schüssel bröckeln, über dem Wasserbad schmelzen lassen. Die Schokolade mit 1 TL Espressopulver glatt rühren. Die abgekühlten Mandeln dazugeben und unter die Schokolade rühren. Mit zwei Teelöffeln ca. 20 Häufchen auf ein mit Backpapier ausgelegtes Blech setzen, fest werden lassen und die Mandelsplitter in eine Cellophantüte stecken.

Rosa Baiser-Küsse Für 20 Stück 2 Eiweiße mit 1 Prise Salz halbfest schlagen. ¼ TL Zitronensaft und 100 g feinen Zucker teelöffelweise unterschlagen und weiterschlagen, bis die Masse steif, glatt und glänzend ist. Mit 3 Tropfen roter Lebensmittelfarbe rosa einfärben. Mit einem Spritzbeutel ca. 20 Baisers auf ein mit Backpapier ausgelegtes Blech spritzen. Im heißen Ofen (Mitte) bei 120° (Umluft 110°) in 80–90 Min. trocknen lassen.

Glühweingewürz Dafür 2 EL Nelken, 3 Sternanis, 3 EL getrocknete Orangenschalen (s. S. 52) und 50 g braunen Kandis in eine Schüssel geben. 3 Stangen Zimt einmal durchbrechen, diese zu den Gewürzen geben und alles mischen. Die Mischung in ein Glas mit Schraubdeckel oder Bügelverschluss füllen. Fertig! Die Gewürzmenge reicht aus für eine Flasche Rotwein, die man gleich mitverschenken kann, oder für 750 ml Früchtetee.

Kalt gerührte Marmelade Dafür 3 Papayas (ca. 1,2 kg) schälen, halbieren, entkernen und das Fruchtfleisch pürieren. 1 Päckchen Zitronensäure und 300 g Gelierzucker 1:3 dazugeben und ca. 15 Min. mit den Quirlen der Küchenmaschine oder des Handrührgeräts rühren. Die Marmelade mit 1–2 EL Kokossirup würzen. Dann in drei heiß ausgespülte Gläser à 250 ml füllen. Die kalt gerührte Marmelade ist nicht so fest wie gekochte und hält sich zwei Wochen im Kühlschrank.

Kandis in Rum Dafür 150 g braunen oder weißen Kandis in eine Flasche (ca. 200 ml Inhalt), am besten mit einem Bügelverschluss, füllen. Ein Stück Zimtstange auf den Kandis geben. 100 ml Rum nach Wahl (je nach Geschmack brauner oder weißer Rum) in die Flasche füllen und fest verschließen. Der Kandis eignet sich sehr gut zum Aromatisieren von Tee. Wer möchte, kann zusätzlich ein Päckchen schwarzen Tee dazu verschenken.

Müsli im Glas Dafür 100 g Mandelblättchen mit 50 g Zucker in einer Pfanne unter Rühren goldgelb rösten und in einer Schüssel abkühlen lassen. 200 g getrocknete Aprikosen in kleine Stücke schneiden. Mit 150 g kernigen Haferflocken (z. B. 6-Korn-Mischung), 50 g Pistazienkernen, 50 g Amarant-Popcorn (Bioladen), 100 g geraspelter Zartbitterschokolade und 5 EL getrockneten Rosenblättern mischen. Die Müslimischung in ein Glas (ca. 1,5 l Inhalt), z. B. ein Schraubglas, füllen.

Sicher im Kasten

Das ist hier das Motto: Wer Knabbergebäck, feine Pralinen, Kuchen oder zarte Plätzchen verschenken möchte, findet tolle Anregungen. Bruchsicher verpackt werden die zerbrechlichen Geschenke in dekorativen Dosen oder aufgepeppten Schachteln. Diese eventuell noch mit Seidenpapier ausschlagen – so ecken die schokoladigen Knusperwölkchen garantiert nicht an.

Knusperwölkchen

250 g gehackte Mandeln
300 g Zucker
125 g Zartbitterschokolade (70 % Kakaoanteil)
4 Eiweiß (M)
2 Msp. Lebkuchengewürz

Für ca. 40 Stück | 30 Min. Zubereitung
45 Min. Abkühlen | 12 Min. Backen pro Blech
Pro Stück ca. 80 kcal, 2 g EW, 5 g F, 9 g KH

1 Die Mandeln mit 50 g Zucker unter Rühren in einer Pfanne goldbraun rösten, dann in einer Schüssel in ca. 45 Min. abkühlen lassen. Inzwischen die Schokolade reiben und kühl stellen. Zwei Backbleche mit Backpapier auslegen.

2 Den Backofen auf 180° (Umluft 160°) vorheizen. Die Eiweiße mit den Quirlen des Handrührgeräts steif schlagen, dabei den restlichen Zucker nach und nach einrieseln lassen.

3 Die abgekühlten Mandeln mit Schokolade und Lebkuchengewürz mischen. Die Mischung vorsichtig unter den Eischnee ziehen. Mit zwei Teelöffeln kleine Häufchen mit etwas Abstand auf die Bleche setzen. Im Backofen (Mitte) 10–12 Min. backen, dabei darauf achten, dass die Plätzchen weiß bleiben. Die Knusperwölkchen herausnehmen und auf dem Backblech abkühlen lassen.

VARIANTE MIT PINIENKERNEN
Anstelle von Mandeln **Pinienkerne** verwenden und wie oben beschrieben goldbraun rösten.

braucht Zeit | bruchsicher verpacken

Schoko-Nuss-Herz

Ein kleiner Liebesbeweis zum Valentinstag oder Geburtstag. Oder als Dankeschön für die beste Freundin. Das Herz kann dann gleich in der Form verschenkt werden.

100 g Zucker
1 TL weiche Butter
100 g Pekannüsse
100 g Zartbitterkuvertüre
100 g Vollmilchkuvertüre
1 TL Zimtpulver

Für 1 Herzbackform (ca. 22 cm Ø, ca. 12 Stück)
⌚ 40 Min. Zubereitung | 12 Std. Ruhen
2 Wochen Haltbarkeit
Pro Stück ca. 190 kcal, 2 g EW, 12 g F, 17 g KH

1 Den Backofen auf 80° vorheizen und ein Backblech darin erwärmen. Den Boden der Form mit Backpapier in Herzgröße auslegen.

2 Den Zucker in einem Topf bei mittlerer Hitze schmelzen und goldgelb karamellisieren lassen. Die Butter unterrühren. Die Nüsse zum Karamell geben und so lange rühren, bis alle Nüsse umhüllt sind. Die Nüsse auf das warme Blech schütten und mit zwei in Wasser getauchten Gabeln auseinanderziehen und abkühlen lassen.

3 Zartbitter- und Vollmilchkuvertüre fein hacken, mischen und ein Viertel davon beiseitestellen. Die restliche Kuvertüre in einer Metallschüssel über dem heißen Wasserbad unter Rühren schmelzen lassen, dann vom Herd nehmen. Die feste Kuvertüre (Bild 1) mit dem Zimtpulver zur geschmolzenen Kuvertüre geben und alles verrühren.

4 Die Schokolade in die Form gießen und 15 Min. abkühlen lassen. Dann dicht an dicht mit den Karamellnüssen (Bild 2) belegen. Das Herz offen an einem kühlen Ort in 12 Std. fest werden lassen.

VERPACKUNGS-TIPP
Einen Geschenkkarton in Herzform mit Seidenpapier ausschlagen. Das leicht zerbrechliche Herz vorsichtig vom Boden der Form lösen und in die Schachtel setzen.

VARIANTE – SCHOKOLADENTALER
200 g Schokolade wie im Rezept beschrieben schmelzen und 2 Min. abkühlen lassen. Für die Taler je 2 EL Schokolade mit etwas Abstand auf ein mit Backpapier ausgelegtes Blech geben und etwas flach drücken. Die Taler abwechselnd mit je 2 EL rotem Pfeffer, Pistazien oder kandierten Veilchen bestreuen, fest werden lassen.

VARIANTE – KLEINE SCHOKOLADENHERZEN
200 g weiße Schokolade und 200 g Zartbitterschokolade getrennt in einer Schüssel über dem heißen Wasserbad schmelzen lassen. Ein Backblech mit Backpapier auslegen und 12 Ausstecher in Herzform (ca. 8 cm Ø) auflegen. Die weiße Schokolade mit dem Mark von 1 Vanilleschote verrühren und mit einem Teelöffel die Hälfte der Herzen dünn damit füllen. Die Zartbitterschokolade mit 1 TL Zimtpulver würzen und in die restlichen Herzchen geben. Mit der restlichen weißen Schokolade die dunklen Herzen und mit der übrigen dunklen Schokolade die weißen Herzen beträufeln. Mit einem Holzstäbchen ein Muster durch die Schokolade ziehen.

1

2

3

braucht Zeit | gut vorzubereiten
Nuss-Frucht-Rauten

Eine hübsche Dose prall gefüllt mit knusprig saftigem Gebäck auf feinem Mürbteig. Die Rauten schmecken zum Dahinschmelzen gut und wecken Weihnachtsgefühle.

Für den Teig:
260 g Mehl | 1 Prise Salz
100 g Zucker
90 g weiche Butter
90 g weiches Butterschmalz
3 Eigelb (M) | 1 Vanilleschote
1 Bio-Zitrone
Butter für das Backblech
etwas Mehl zum Arbeiten

Für den Belag:
150 g Mandeln | 150 g Walnusskerne
150 g Haselnusskerne
200 g getrocknete Feigen
200 g getrocknete Datteln ohne Kern
150 g getrocknete Kirschen
120 g Butter | 180 g Zucker
180 g Honig

Für ca. 150 Stück
⏲ 1 Std. Zubereitung | 3 Std. Kühlen
35 Min. Backen | 6 Wochen Haltbarkeit
Pro Stück ca. 60 kcal, 1 g EW, 4 g F, 7 g KH

1 Mehl, Salz, Zucker, Butter, Butterschmalz und Eigelbe in eine Rührschüssel geben. Die Vanilleschote längs aufschneiden, das Mark dazukratzen. Die Zitrone heiß waschen und abtrocknen, die Schale fein abreiben und ebenfalls dazugeben. Alles mit den Knethaken der Küchenmaschine oder des Handrührgeräts verkneten. Den Teig in Frischhaltefolie wickeln und 3 Std. in den Kühlschrank legen.

2 Inzwischen für den Belag die Mandeln in eine Schüssel geben, mit kochendem Wasser übergießen und kurz ziehen lassen. Die Mandeln in ein Sieb abgießen, häuten, halbieren und in eine große Schüssel geben. Die Walnusskerne halbieren. Walnusshälften und Haselnusskerne zu den Mandeln geben. Feigen und Datteln vierteln. Mit den Kirschen unter die Nüsse mischen.

3 Den Backofen auf 180° (Umluft 160°) vorheizen. Ein Backblech mit Butter einfetten. Den Mürbteig auf einer bemehlten Arbeitsfläche ausrollen und auf das Backblech geben. Im Backofen (Mitte) in 10–12 Min. goldbraun vorbacken.

4 Inzwischen die Butter mit Zucker und Honig in einem Topf erwärmen und schmelzen lassen. Die Nuss-Früchte-Mischung unterrühren. Die warme Masse mit einem nassen Löffel auf dem Teig verteilen. Im Ofen (Mitte) weitere 20–25 Min. backen, bis die Nüsse goldbraun sind.

5 Das Gebäck herausnehmen und auf dem Blech abkühlen lassen, dann in ca. 2 cm breite Rauten schneiden. Die Rauten in eine mit Tortenpapier ausgelegte Dose schichten. Oder in eine mit Seidenpapier ausgelegte Schachtel füllen.

AUSTAUSCH-TIPP
Besonders fein: Die Mandeln, Walnuss- und Haselnusskerne durch halbierte **Cashewnusskerne**, **Macadamianüsse** und **Pekannüsse** ersetzen.

beliebt bei Groß und Klein

Cookies

200 g Zucker
200 g brauner Zucker
1 TL Vanillearoma
200 g Butter
2 Eier (M)
250 g Mehl
½ TL Backpulver
1 TL Natron
½ TL Salz
180 g Haferflocken (blütenzart)
120 g Kokosraspel
100 g Milchschokoladenplättchen für Cookies
60 g Schoko-Rice-Crispies (Fertigprodukt)

Für ca. 50 Stück
⏲ 40 Min. Zubereitung | 12 Min. Backen
Pro Stück ca. 120 kcal, 2 g EW, 6 g F, 16 g KH

1 Beide Zuckersorten, Vanillearoma und Butter mit den Quirlen des Handrührgeräts schaumig schlagen. Die Eier unterrühren. Das Mehl mit Backpulver, Natron und Salz mischen. Die Mischung nach und nach unter die Eiermasse rühren. Haferflocken, Kokosraspel, Schokoladenplättchen und Rice-Crispies dazugeben und unter den Teig rühren.

2 Den Backofen auf 180° (Umluft 160°) vorheizen. Ein Backblech mit Backpapier auslegen. Aus dem Teig ca. 50 kleine Kugeln (ca. 2,5 cm ⌀) formen. Die Teigkugeln mit etwas Abstand auf das Blech legen und leicht andrücken. Im Ofen (Mitte) 10–12 Min. backen, bis sie leicht gebräunt sind. Herausnehmen, ca. 3 Min. auf dem Blech abkühlen, dann auf einem Kuchengitter auskühlen lassen.

schnell gemachtes Mitbringsel

Liebesäpfel

150 g gehackte Mandeln
4 säuerliche Äpfel (z. B. Granny Smith)
400 g Zucker | 1 TL rote Lebensmittelfarbe
1 TL Vanillearoma
1 TL frisch gepresster Zitronensaft
4 Holzstäbchen ohne Spitze (z. B. Essstäbchen aus dem Asienladen)

Für 4 Stück
⏲ 30 Min. Zubereitung | 2 Std. Abkühlen
Pro Stück ca. 680 kcal, 7 g EW, 21 g F, 115 g KH

1 Ein Backblech mit Backpapier auslegen. Die Mandeln in einer Pfanne ohne Fett goldbraun rösten und auf dem Backpapier verteilen. Die Äpfel waschen, abtrocknen, die Stiele entfernen und an dieser Stelle je ein Holzstäbchen hineinstecken.

2 Zucker, 5 EL Wasser, Lebensmittelfarbe, Vanillearoma und Zitronensaft in einen kleinen hohen Topf geben. Den Zucker schmelzen und unter Rühren bei kleiner Hitze köcheln lassen, bis er vollständig aufgelöst, dickflüssig und klar ist. Den Sirup dann beiseitestellen.

3 Die Äpfel sofort nacheinander in den Sirup tauchen und drehen, bis die Schale mit Sirup bedeckt ist. Mit dem Stiel nach oben auf die Mandeln stellen und in 2 Std. abkühlen lassen.

TIPP ZUM VERSCHENKEN
Ein Stück Steckmoos (Floristenbedarf) mit Geschenk- oder Seidenpapier umwickeln und in ein kleines Obst-Spankörbchen legen. Die Liebesäpfel hineinstecken und das Körbchen locker mit Cellophanpapier umhüllen.

Liebesbeweis

Aprikosenherz

Ob für Verliebte, zur Verlobung, zum Muttertag oder runden Geburtstag – mit diesem liebevoll verzierten Herz drückt man mehr aus als mit vielen Worten.

1 Dose Aprikosen (475 g Abtropfgewicht)
1 Bio-Zitrone
250 g Butter
250 g Zucker
3 Eier (M) | 200 g Mehl
50 g gemahlene Mandeln
1 TL Backpulver
Butter für die Form
Für die Deko:
1 Tortenspitze (ca. 30 cm Ø)
200 g Puderzucker
½ Tube rote Lebensmittelfarbe
kandierte Blüten, Liebesperlen oder Zuckerherzen

Für 1 Herzbackform (ca. 22 cm Ø, ca. 12 Stück)
🕐 55 Min. Zubereitung | 45 Min. Backen
10 Min. Trocknen
Pro Stück ca. 440 kcal, 5 g EW, 22 g F, 57 g KH

1 Den Backofen auf 180° vorheizen. Die Form mit Butter einfetten. Die Aprikosen abtropfen lassen. Die Zitrone waschen und abtrocknen, die Schale fein abreiben und 4–5 EL Saft auspressen. Den Zitronensaft zum Verzieren beiseitestellen.

2 Butter, Zucker und Zitronenschale mit den Quirlen des Handrührgeräts weißschaumig rühren. Die Eier nach und nach unterrühren. Mehl mit Mandeln und Backpulver mischen. Die Mischung dazugeben und unter die Eiermasse rühren.

3 Die Hälfte des Teiges in die Form füllen. Mit Aprikosen belegen und den restlichen Teig darauf verteilen. Im Backofen (Mitte, Umluft 160°) 40–45 Min. backen. Das Herz herausnehmen und in der Form abkühlen lassen, dann vom Rand lösen und auf eine mit Tortenspitze belegte Platte stürzen. Vier ca. 10 cm breite Streifen Backpapier jeweils bis zur Hälfte unter den Kuchen schieben.

4 Zum Verzieren Puderzucker und Zitronensaft glatt verrühren. Für ein leuchtend rotes Herz etwa ½ Tube rote Lebensmittelfarbe unterrühren. Oder nach Belieben die Farbe tropfenweise unterrühren, bis der gewünschte Farbton erreicht ist. Den Guss gleichmäßig auf dem Herz und rund um den Rand verteilen. Den Guss in ca. 10 Min. trocknen lassen. Dann mit kandierten Blüten, Liebesperlen oder Zuckerherzen verzieren. Das Backpapier entfernen.

DEKO-TIPPS
Zum Dekorieren mit Zuckerschrift den Guss ca. 3 Std. trocknen lassen. Dann mit weißer oder farbiger Zuckerschrift den Namen des Empfängers, Glückwünsche, Blümchen, Jahreszahlen oder andere Motive passend zu den Vorlieben des Beschenkten obendrauf malen.

TIPPS
Das Herz lässt sich auf Vorrat einfrieren. Die Verzierung dann erst kurz vor dem Verschenken und nach dem Auftauen auftragen. Statt einer Herzform kann man eine Springform (26 cm Ø) verwenden. Dann je nach Anlass mit Schokoladenguss überziehen und verzieren.

für Marzipanliebhaber
Marzipankonfekt

50 g Nugat
200 g Marzipanrohmasse
100 g Vollmilchkuvertüre
50 g Pistazienkerne

Für 24 Stück
30 Min. Zubereitung
1 Std. Trocknen | 2 Wochen Haltbarkeit
Pro Stück ca. 90 kcal, 1 g EW, 5 g F, 9 g KH

1 Das Nugat in 24 Stückchen (ca. 1 cm) schneiden. Das Stück Marzipanrohmasse waagerecht halbieren und aufeinanderliegen lassen. Dann mit einem Messer in 12 gleich große Teile schneiden. Jedes Marzipanstück in der Hand etwas flach drücken, mit einem Stück Nugat belegen und zu Kugeln formen.

2 Die Kuvertüre in Stücke brechen, in eine Metallschüssel geben und über dem heißen Wasserbad schmelzen lassen. Die Marzipankugeln mit einer Pralinengabel in die Kuvertüre tauchen und auf einem Kuchengitter ca. 15 Min. abtropfen lassen.

3 Die Pistazienkerne mit dem Messer fein hacken, in eine kleine Schüssel geben und das Konfekt einzeln darin wälzen. Auf einer Platte in ca. 1 Std. vollständig fest werden lassen.

VARIANTE MIT AMARENAKIRSCHEN
Die Marzipanrohmasse wie oben beschrieben in Stückchen schneiden. Statt mit Nugat jeweils mit einer **Amarenakirsche** füllen. Die Kugeln in Kuvertüre tauchen und statt in Pistazien in 50 g Kokosraspeln wälzen.

zum Dahinschmelzen gut
Schokoladentrüffel

300 g Zartbitterschokolade (70 % Kakaoanteil)
100 g Vollmilchschokolade
100 g Sahne
1 EL weiche Butter
2 EL Alkohol (z. B. Birnen-, Kirsch- oder Himbeergeist, Marillen- oder Orangenlikör)
50 g Kakaopulver

Für ca. 40 Stück
30 Min. Zubereitung | 8 Std. Ruhen
Pro Stück ca. 70 kcal, 1 g EW, 5 g F, 4 g KH

1 Ein Backblech mit Frischhaltefolie auslegen. Beide Schokoladensorten grob hacken. Die Sahne in einem kleinen Topf aufkochen lassen und vom Herd nehmen. Sofort die Schokolade dazugeben und von der Mitte aus umrühren, bis die Schokolade geschmolzen ist.

2 Butter und 2 EL Alkohol nach Geschmack in die Schokoladenmasse geben und mit dem Pürierstab kräftig aufschlagen, damit sie eine zarte Konsistenz bekommt. Die Trüffelmasse ca. 1 cm dick auf die Folie streichen. Die Masse mit der überstehenden Folie bedecken und ca. 8 Std. ruhen lassen.

3 Die Folie entfernen. Die Trüffelmasse mit einem Teigrädchen in ca. 1,5 cm große Stücke teilen. Diese mit kühlen Händen zu Kugeln formen. Das Kakaopulver in eine kleine Schüssel sieben, die Trüffel darin einzeln vorsichtig wälzen.

GEWÜRZ-TIPP
Die Trüffelmasse je nach Geschmack mit **Zimtpulver,** geriebener **Tonkabohne** (aus der Apotheke) oder Lebkuchengewürz verfeinern.

SIEGER-REZEPT

außen knusprig | innen zart
Walnussdatteln im Mäntelchen

Das Sieger-Rezept des Großen GU-Rezeptwettbewerbs auf Küchengötter.de! Mit ihren Walnussdatteln im Mäntelchen überzeugte Küchengöttin »Mariannchen« die Kochbuchredaktion.

200 g getrocknete Datteln (ca. 28 Stück)
14 Walnusshälften
2 Eiweiß (M)
85 g Zucker
1 EL Honig
100 g gemahlene Haselnüsse oder Mandeln
1 gehäufter EL Mehl
½ TL Zimtpulver
Salz
Schokoladen- oder Nussglasur (nach Belieben)

Für ca. 28 Stück | 40 Min. Zubereitung
10 Min. Trocknen | 25 Min. Backen
Pro Stück ca. 190 kcal, 3 g EW, 9 g F, 25 g KH

1 Die Datteln auf einer Seite aufschneiden und die Kerne entfernen. Die Walnusshälften halbieren und jeweils eine Hälfte in die Datteln geben, dann die Dattelhälften zusammendrücken. Ein Backblech mit Backpapier auslegen.

2 Eiweiße, Zucker und Honig in einen Topf geben und über dem warmen Wasserbad (nicht zu heiß, sonst stocken die Eiweiße) mit den Quirlen des Handrührgeräts so lange schlagen, bis die Eiweißmasse schnittfest ist. Den Topf beiseitestellen, die Haselnüsse oder Mandeln dazugeben und unterrühren. Mehl, Zimtpulver und 1 kleine Prise Salz dazugeben und unter die Masse ziehen. Den Backofen auf 140° vorheizen.

3 Je 1 Dattel in den Teig legen, mit zwei Teelöffeln aus dem Teig heben und auf das Blech setzen. Die Datteln ca. 10 Min. trocknen lassen. Im Ofen (Mitte, Umluft 130°) in 25 Min. goldbraun backen. Dann auskühlen lassen. Nach Belieben die Glasur schmelzen lassen, eine Gabel hineintauchen und die Glasur in feinen Fäden über die Datteln ziehen.

VARIANTE FÜR DATTELMAKRONEN
Für Makronen die Datteln entkernen und klein schneiden. Die Walnusshälften mahlen. Die Eiweißmasse wie oben beschrieben zubereiten. Die Datteln und Walnüsse vorsichtig unter den Teig ziehen. Die Masse mit zwei Teelöffeln in Häufchen auf mit Backpapier ausgelegte Bleche setzen und backen.

Ab in die Tüte

Ob raffinierte Gewürzmischungen, kleine Knabbereien oder leckere Brote zu Ostern oder Weihnachten – alle haben in einer Tüte ihren großen Auftritt: Früchte- und Osterbrot versprühen ihren betörenden Duft durch eine blickdichte Papiertüte. Die knackigen Karamellnüsse geben im Cellophantütchen und schön verziert optisch was her.

Karamellnüsse

100 g geschälte Mandeln
100 g Macadamianüsse
100 g Walnusskerne
100 g Pekannüsse
400 g Zucker
100 g weiche Butter
1 EL neutrales Öl für das Backblech

Für ca. 70 Stück
45 Min. Zubereitung | 45 Min. Abkühlen
Pro Stück ca. 70 kcal, 1 g EW, 5 g F, 6 g KH

1 Mandeln und Macadamianüsse halbieren. Die Mandel- und Macadamianusshälften, Walnusskerne und Pekannüsse mischen. Ein Backblech mit Öl einfetten. Den Backofen auf 160° (Umluft 140°) vorheizen, das Blech darin erhitzen.

2 Zucker und Butter in einem Topf bei mittlerer Hitze schmelzen und unter Rühren goldbraun karamellisieren lassen. Die Nussmischung unterrühren, bis alle Nüsse mit Karamell umhüllt sind. Das heiße Blech aus dem Ofen nehmen. Die Nüsse sofort auf das Blech schütten und mit zwei nassen Teelöffeln zügig zu kleinen Häufchen formen. Die Karamellnüsse auf dem Blech in ca. 45 Min. abkühlen lassen.

TIPP
Sollte die Karamellnussmasse während des Aufteilens zu fest werden, das Blech noch einmal kurz in den warmen Ofen schieben.

VARIANTE MIT SCHOKOLADE
50 g Zartbitterkuvertüre über dem heißen Wasserbad schmelzen lassen. Die Knusperhäufchen mit der Unterseite in die Kuvertüre tauchen und trocknen lassen.

fix gemischt | für Wildliebhaber

Wild-Gewürzmischung

1 Zimtstange | 2 EL Wacholderbeeren | 10 g getrocknete Steinpilze | 3 EL getrocknete Orangenschalen (s. S. 52) | 3 EL roter Pfeffer | 2 Sternanis | 2 TL Pimentkörner | 2 TL Nelken | 2 TL Korianderkörner | 2 TL weiße Pfefferkörner

Für 1 Tüte (ca. 100 g) | 10 Min. Zubereitung

1 Die Zimtstange einmal durchbrechen. Wacholderbeeren im Mörser zerstoßen. Beides mit Steinpilzen, Orangenschalen, rotem Pfeffer und Sternanis in eine Schüssel geben.

2 Pimentkörner, Nelken, Koriander- und Pfefferkörner im Mörser zerstoßen und in einer kleinen Pfanne kurz rösten. Mit den ungerösteten Gewürzen mischen. In eine Cellophantüte füllen, verschließen.

VERWENDUNGSTIPP

Zum Würzen von geschmorten Wildgerichten oder Marinieren verwenden. Zum Marinieren das Gewürz im Mörser zerstoßen und mit 250 ml Rotwein mischen.

schnell gemacht | würzig-scharf

Reis-Gewürzmischung

100 g Röstzwiebeln | 2 EL Currypulver | 2 EL Fleur de Sel | 3 TL Kurkumapulver | 2 TL Korianderpulver | 2 TL Knoblauchsalz | 2 TL getrocknete Chiliflocken | 1 TL Senfpulver

Für 1 Tüte (ca. 150 g) | 10 Min. Zubereitung

1 Die Röstzwiebeln im Blitzhacker klein hacken. Mit Currypulver, Fleur de Sel, Kurkuma- und Korianderpulver, Knoblauchsalz, Chiliflocken und Senfpulver in einer Schüssel mischen. Die Mischung in ein Cellophantütchen füllen und verschließen.

TIPP ZUM VERSCHENKEN

Mit Risottoreis und einer Gebrauchsanweisung verschenken: Pro Person rührt man 1 gestrichenen EL Gewürzmischung unter den gegarten Reis.

schnell gemacht
Gewürznüsse

1 Eiweiß | ½ TL Fleur de Sel | ½ getrocknete Chilischote | 150 g Macadamianüsse | 150 g Cashewnusskerne | 150 g geschälte Mandeln | 3 EL frisch gehackter Thymian | 1 EL Currypulver

Für 2 Tüten à ca. 240 g | 15 Min. Zubereitung
15 Min. Rösten | 1 Woche Haltbarkeit
Pro Tüte ca. 1400 kcal, 34 g EW, 127 g F, 30 g KH

1 Backofen auf 200° (Umluft 180°) vorheizen. Ein Blech mit Backpapier auslegen. Eiweiß, Salz und Chilischote in einer Schüssel mit dem Schneebesen verschlagen. Macadamianüsse, Cashewnusskerne und Mandeln dazugeben und gut vermischen.

2 Die Hälfte der Nussmischung mit Thymian, den Rest mit Currypulver mischen. Getrennt auf dem Blech verteilen und im Ofen (Mitte) in 10–15 Min. goldbraun rösten, dabei zwischendurch einmal wenden. Herausnehmen, vollständig abkühlen lassen und in Cellophantütchen füllen.

italienische Spezialität
Grissini mit Thymian

25 g frische Hefe | 2 TL Zucker | 50 ml Olivenöl | 1 Eiweiß | 1 TL Salz | 4 TL frisch gehackter Thymian | 360 g Weizenmehl | 2 EL Olivenöl zum Bestreichen | Mehl zum Arbeiten | Fleur de Sel zum Bestreuen

Für ca. 30 Stück | 45 Min. Zubereitung
1 Std. Ruhen | 25 Min. Backen
Pro Stück ca. 65 kcal, 2 g EW, 2 g F, 9 g KH

1 Hefe mit Zucker und 150 ml lauwarmem Wasser verrühren. Öl, Eiweiß, Salz und 3 TL Thymian unterrühren. Mehl nach und nach mit dem Handrührgerät unter die Mischung kneten. Zugedeckt 1 Std. gehen lassen. Ein Blech mit Backpapier auslegen.

2 Ofen auf 180° vorheizen. Teig auf einer bemehlten Arbeitsfläche kneten, in ca. 30 walnussgroße Stücke teilen, diese zu Rollen (22–24 cm) formen und auf das Blech legen. Mit übrigem Öl bepinseln, mit Salz und übrigem Thymian bestreuen. Im Ofen (Mitte, Umluft 160°) 20–25 Min. backen.

braucht Zeit | sehr aromatisch

Früchtebrot

Ein saftig-aromatisches Advents- und Weihnachtsgeschenk, das sich gut vorbereiten lässt, einige Zeit ziehen muss und jedes Jahr aufs Neue gut ankommt.

250 g getrocknete Pflaumen ohne Stein
250 g getrocknete Datteln ohne Stein
250 g getrocknete Feigen
250 g Sultaninen
500 g getrocknete Cranberrys
400 ml Apfelsaft
50 ml Orangenlikör (oder Orangensaft)
50 g ganze Mandeln
500 g Roggenbrotteig (beim Bäcker vorbestellen)
500 g gehackte Mandeln
½ TL gemahlene Nelken
3 EL Zimtpulver
½ TL Speisestärke

Für 4 Brote (à ca. 30 Scheiben)
45 Min. Zubereitung | 12 Std. Quellen
30 Min. Ruhen | 1 Std. 20 Min. Backen
1–2 Wochen Ziehen
Pro Scheibe ca. 70 kcal, 1 g EW, 4 g F, 11 g KH

1 Die Pflaumen, Datteln und Feigen vierteln. Die Früchte mit Sultaninen und Cranberrys in eine große Schüssel geben. 300 ml Apfelsaft und den Orangenlikör dazugießen und alles gut mischen. Die Früchte 12 Std. quellen lassen. Die ganzen Mandeln mit kochendem Wasser übergießen, in ein Sieb abgießen, häuten und halbieren.

2 Am nächsten Tag ein Backblech mit Backpapier auslegen. Die gequollenen Früchte mit Brotteig, gehackten Mandeln, gemahlenen Nelken und Zimtpulver verkneten, sodass der Teig die Früchte zusammenhält. Den Früchtebrotteig in 4 Stücke teilen, die Stücke gleichmäßig zu ovalen Broten formen und auf das Backblech legen. Die Mandelhälften in kleinen Sternen auf der Oberseite der Brote anordnen und leicht andrücken. Die Früchtebrote ca. 30 Min. ruhen lassen. Den Backofen auf 180° (Umluft 160°) vorheizen.

3 Die Brote im Backofen (Mitte) 60–80 Min. backen. Die Speisestärke mit dem restlichen Apfelsaft in einem kleinen Topf anrühren, die angerührte Stärke aufkochen und 1–2 Min. köcheln lassen, bis die Flüssigkeit klar ist. Die Brote sofort damit bepinseln und vollständig abkühlen lassen. In Alufolie gewickelt 1–2 Wochen ziehen lassen.

TIPP ZUM VERPACKEN
Jedes Früchtebrot zuerst in eine farbige Seidenpapiermanschette und dann in eine Cellophantüte legen. Oder die Brote in Alufolie wickeln, in eine Papiertüte stecken und mit einer Schleife verzieren.

AUSTAUSCH-TIPPS
Den Brotteig nicht beim Bäcker kaufen, sondern den Teig aus einer 500-g-Packung **Roggenbrot-Backmischung** nach Packungsangabe zubereiten. Oder die Trockenfrüchte je nach Geschmack durch die gleiche Menge anderer Trockenfrüchte ersetzen, z. B. statt Cranberrys getrocknete Kirschen.

zum Brunch | frisch am besten

Osterbrot

Perfekt, nicht nur an Ostern! Das Brot abends backen und am nächsten Morgen dekorativ in Geschenkfolie verpacken und in einer Papiertüte mitnehmen.

Für den Teig:
125 ml Milch
1 Würfel frische Hefe (42 g)
40 g Zucker
400 g Mehl
180 g weiche Butter
½ TL Salz
1 TL abgeriebene Schale von 1 Bio-Orange
1 Ei (M) | 2 Eigelb (M)
1 Vanilleschote
125 g getrocknete Cranberrys
50 g gehackte Mandeln

Zum Bestreichen:
1 Eigelb (M)
1 EL Milch
100 g Orangenmarmelade
150 g Puderzucker

Für 1 Brot (ca. 16 Scheiben)
50 Min. Zubereitung | 1 Std. 15 Min. Gehen
50 Min. Backen
Pro Scheibe ca. 300 kcal, 5 g EW, 12 g F, 39 g KH

1 Milch lauwarm erwärmen, Hefe dazubröckeln und mit ½ TL Zucker auflösen. 2 EL Mehl dazugeben und zu einem breiigen Vorteig verrühren. Zugedeckt an einem warmen Ort 15 Min. gehen lassen.

2 Restlichen Zucker, Butter, Salz, Orangenschale, Ei und Eigelbe in eine große Schüssel geben. Die Vanilleschote längs aufschneiden und das Mark dazukratzen. Alles mit den Quirlen des Handrührgeräts zu einer weißschaumigen Creme rühren. Das restliche Mehl und den Vorteig zur Eiermasse geben und zu einem geschmeidigen, glänzenden Teig kneten. Zugedeckt 30 Min. ruhen lassen.

3 Den Backofen auf 50° vorheizen. Ein Backblech mit Backpapier auslegen. Cranberrys und Mandeln in einer Schüssel mischen und im Backofen 2–3 Min. leicht anwärmen. Den Teig nochmals kräftig kneten, dabei die handwarmen Cranberrys und Mandeln einarbeiten. Den Teig zu einem Brot formen und auf das Blech legen. Den Teig nochmals an einem warmen Ort ca. 30 Min. gehen lassen, bis das Volumen deutlich zugenommen hat.

4 Den Backofen auf 180° vorheizen. Zum Bestreichen Eigelb und Milch verrühren. Den Teig damit bestreichen und über Kreuz einschneiden. Die entstandenen Spitzen etwas auseinanderziehen. Im Backofen (Mitte, Umluft 160°) in 50 Min. goldbraun backen. Die Orangenmarmelade glatt verrühren. Das Brot herausnehmen und noch heiß damit bepinseln. Den Puderzucker mit 3 EL Wasser anrühren, das Brot damit bestreichen und abkühlen lassen.

AUSTAUSCH-TIPP
Anstelle von frischer Orangenschale getrocknete nehmen und statt mit Orangenmarmelade bepinseln mit Orangensirup (s. S. 52) beträufeln.

Alles unter Verschluss

Herzhaftes oder Süßes – alles, was das Herz begehrt und als Geschenk gut ankommt, ist sicher im Weck- oder Schraubglas oder Glas mit Bügelverschluss verpackt. Von Kuchen über Chutneys, Pesto und Senf bis hin zu Pasteten ist alles dabei. Und über die feine Beerenmarmelade ohne Kernchen freut sich jeder, der es morgens fruchtig und süß mag.

Beerenmarmelade

1 kg frische Beeren (z. B. Brombeeren, Himbeeren, Rote oder Schwarze Johannisbeeren)
1 Vanilleschote
500 g Gelierzucker 2:1

Für 4 Schraubgläser à 250 ml
30 Min. Zubereitung | 12 Std. Ziehen
1 Jahr Haltbarkeit
Pro Glas ca. 585 kcal, 3 g EW, 1 g F, 36 g KH

1 Die Beeren verlesen, kurz waschen und abtropfen lassen. Die Vanilleschote längs aufschneiden und das Mark herauskratzen. Das Mark mit Beeren und Gelierzucker gut verrühren. Die Beeren zugedeckt 12 Std. ziehen lassen.

2 Die Beeren-Zucker-Mischung mit dem entstandenen Saft pürieren oder durch ein feines Sieb in einen Topf streichen. Das Fruchtmark aufkochen, dann offen bei mittlerer Hitze ca. 3 Min. sprudelnd kochen lassen. Die Marmelade abschäumen und in heiß ausgespülte Gläser (s. S. 5) füllen. Die Gläser sofort verschließen, umdrehen und abkühlen lassen.

TAUSCH-TIPP
Für die Marmelade entweder nur eine Beerensorte verwenden oder die Beeren nach Belieben mischen. Außerhalb der Saison TK-Beeren wie Himbeeren oder gemischte Beeren verwenden. Diese mit dem Gelierzucker auftauen und wie oben beschrieben verarbeiten.

länger haltbar | schön saftig

Marzipankuchen im Glas

250 g Marzipanrohmasse
100 g Zartbitterschokolade
250 g Butter | 300 g Zucker
Mark von 1 Vanilleschote
9 Eier (M)
250 g Mehl
½ Päckchen Backpulver
Salz | Butter für die Gläser

Für 5 Weckgläser à 500 ml Inhalt
(mit 5 Gummiringen und 20 Klammern)
30 Min. Zubereitung | 40 Min. Backen
3 Monate Haltbarkeit
Pro Glas ca. 1305 kcal, 23 g EW, 76 g F, 133 g KH

1 Den Backofen auf 180° vorheizen. Die Weckgläser mit Butter einfetten. Die Gummiringe in kaltes Wasser legen. Die Marzipanrohmasse in kleine Stücke schneiden. Die Schokolade grob reiben. Butter, Zucker und Vanillemark mit den Quirlen des Handrührgeräts weißschaumig rühren. Die Marzipanstückchen unterrühren.

2 Die Eier trennen. Eigelbe nach und nach unter die Masse rühren. Mehl, Backpulver und Schokolade mischen und unter die Eiermasse rühren.

3 Die Eiweiße mit 1 Prise Salz steif schlagen. Den Eischnee unter den Teig heben. Den Teig in die Gläser füllen und im Backofen (Mitte, Umluft 160°) ca. 40 Min. backen.

4 Herausnehmen und die Gläser sofort verschließen. Dafür je einen Gummiring auf die Innenseite des Glasdeckels legen. Den Deckel auflegen und jeweils mit vier Klammern sichern.

länger haltbar | zum Verwöhnen

Nusskuchen im Glas

250 g Butter | 250 g Zucker
150 ml Portwein (oder Orangensaft)
6 Eier (M)
200 g gemahlene Haselnüsse
100 g gehackte Haselnüsse
250 g Mehl | 3 EL Kakaopulver
1½ Päckchen Backpulver
Butter für die Gläser

Für 5 Weckgläser à 500 ml Inhalt
(mit 5 Gummiringen und 20 Klammern)
30 Min. Zubereitung | 45 Min. Backen
3 Monate Haltbarkeit
Pro Glas ca. 1320 kcal, 22 g, EW, 90 g F, 98 g KH

1 Den Backofen auf 180° vorheizen. Die Weckgläser mit Butter einfetten. Gummiringe in kaltes Wasser legen. Butter und Zucker mit den Quirlen des Handrührgeräts weißschaumig rühren. Erst den Portwein, dann nach und nach die Eier unterrühren.

2 Gemahlene und gehackte Haselnüsse mit Mehl, Kakao- und Backpulver mischen, dann unter die Eiermasse rühren. Den Teig in die Gläser füllen und im Ofen (Mitte, Umluft 160°) 40–45 Min. backen.

3 Herausnehmen und die Gläser sofort verschließen. Dafür je einen Gummiring auf die Innenseite des Glasdeckels legen. Den Deckel auflegen und mit jeweils vier Klammern sichern.

AUSTAUSCH-TIPP

Den Portwein durch Glühwein ersetzen und 2 gehäufte TL Lebkuchengewürz zum Mehl geben.

ALLES UNTER VERSCHLUSS

länger haltbar | schmeckt nach Sommer
Kirschkompott

1 kg Sauerkirschen
100 g brauner Zucker
125 ml Himbeeressig
500 ml Kirschnektar
1 Vanilleschote
40 ml Kirschwasser

Für 1 Schraubglas mit 1 l Inhalt (ca. 6 Portionen)
⏱ 45 Min. Zubereitung | 3 Monate Haltbarkeit
Pro Portion ca. 190 kcal, 1 g EW, 1 g F, 39 g KH

1 Kirschen waschen und entkernen. Den Zucker in einem großen Topf schmelzen lassen. Den Essig und Kirschnektar dazugießen und offen ca. 5 Min. köcheln lassen. Inzwischen die Vanilleschote längs aufschneiden und das Mark herauskratzen. Mark und Schote zur Essigmischung geben.

2 Die Kirschen dazugeben und offen ca. 5 Min. köcheln lassen. Die Vanilleschote entfernen. Die Kirschen mit einer Schaumkelle herausheben und in das heiß ausgespülte Glas (s. S. 5) füllen.

3 Den Sud einmal aufkochen lassen, vom Herd nehmen und das Kirschwasser dazugeben. Sofort über die Kirschen gießen, sodass sie vollständig bedeckt sind. Das Glas sofort verschließen.

VARIANTE MIT PFLAUMEN
Statt Kirschen 1 kg reife Pflaumen waschen, halbieren und entsteinen. Aus 100 g braunem Zucker, 750 ml Glühwein, 1 Vanilleschote und 40 ml Orangenlikör einen Sud wie oben zubereiten. Die Pflaumen dazugeben und ca. 5 Min. köcheln lassen. Das Kompott in das Glas füllen und das Glas sofort verschließen.

schnell verbrauchen | Fruchtiges zum Dessert
Punschorangen

6 Bio-Orangen (oder Blutorangen)
50 ml Orangenlikör (z. B. Cointreau))
750 ml trockener Weißwein
60 g Zucker
1 Zimtstange
5 Nelken
1 Vanilleschote

Für 2 Gläser à 750 ml Inhalt (ca. 6 Portionen)
⏱ 30 Min. Zubereitung | 2 Wochen Haltbarkeit
Pro Portion ca. 200 kcal, 1 g EW, 0 g F, 27 g KH

1 Die Schale mit einem scharfen Messer von den Orangen schneiden, dabei die weiße Haut mitentfernen. Die Fruchtfilets herausschneiden, gleichmäßig auf die heiß ausgespülten Gläser (s. S. 5) verteilen und mit dem Orangenlikör beträufeln.

2 Wein, Zucker, Zimtstange und Nelken in einen Topf geben. Die Vanilleschote längs aufschneiden und das Mark dazukratzen. Den Wein bei mittlerer Hitze erhitzen, aber nicht kochen lassen und heiß über die Orangen gießen.

3 Die Gläser sofort verschließen. Die Orangen abkühlen lassen und bis zum Verschenken in den Kühlschrank stellen. Dazu passt Walnusseis.

TIPP ZUM VERSCHENKEN
Mit einer dunklen Schokoladen- oder Lebkuchen-Mousse ein super Mitbringsel zum Nachtisch.

länger haltbar | ganz einfach

Rosmarin-Ofentomaten

Im Sommer, wenn die Tomaten herrlich duften und aromatisch sind, wird es Zeit, diese geschmorte, kräuter-würzige Nudelbeilage auf Vorrat zuzubereiten.

3 kg Kirschtomaten
2 TL Salz
frisch gemahlener schwarzer Pfeffer
1 EL Zucker
100 ml Olivenöl
100 ml Aceto balsamico
4 Zweige Rosmarin
4 Knoblauchzehen
1 getrocknete Chilischote

Für 3 Gläser mit Schraub- oder Bügelverschluss
à 750 ml Inhalt
⊙ 20 Min. Zubereitung
1 Std. 15 Min. Garen | 3 Monate Haltbarkeit
Pro Glas ca. 530 kcal, 10 g EW, 35 g F, 39 g KH

1 Den Backofen auf 180° vorheizen. Die Tomaten waschen, halbieren und in die Fettpfanne des Backofens geben. Mit Salz, Pfeffer, Zucker, Öl, Essig und Rosmarinzweigen mischen.

2 Den Knoblauch schälen und mit der Knoblauchpresse über die Tomaten pressen. Die Chilischote darüberbröseln und beides unterheben.

3 Die Tomaten im Backofen (Mitte, Umluft 160°) ca. 1 Std. 15 Min. schmoren lassen. Die Tomaten mit Saft und Rosmarin in die heiß ausgespülten Gläser (s. S. 5) füllen. Die Gläser sofort verschließen.

TIPP – KETCHUP SELBST GEMACHT

Für eine Bügelverschlussflasche mit 200 ml Inhalt 1 Glas Rosmarin-Ofentomaten ohne Rosmarin in einen hohen Topf geben, erwärmen und pürieren. Die Masse durch ein feines Sieb streichen. 2 EL Zucker in einem zweiten Topf schmelzen und karamellisieren lassen. Mit 2 EL Aceto balsamico ablöschen. Die passierten Tomaten mit 2 EL Tomatenmark unterrühren und offen in 5–10 Min. dickflüssig einköcheln lassen. Den Ketchup mit Salz und frisch gemahlenem Pfeffer abschmecken und heiß mithilfe eines Trichters in die saubere und ausgespülte Flasche (s. S. 5) füllen. Die Flasche sofort verschließen. Der Ketchup hält sich im Kühlschrank 3 Monate.

GESCHENK-TIPP

Die würzigen Tomaten und der Ketchup sind ein willkommenes Mitbringsel. Kombiniert mit einer Packung Spaghetti, einem Stück Parmesan und einer Flasche Rotwein kann man sich überall unverhofft sehen lassen.

länger haltbar | zitronig-frisch

Birnenchutney

Chutneys, die scharf-würzigen Begleiter zu Fisch, Geflügel, Lamm und Wild, sind eine indische Spezialität und ungeöffnet im Kühlschrank ein Weile haltbar.

2 große Birnen (à ca. 400 g) | 150 ml Birnendicksaft | 1 TL Zitronensäure | 100 ml Apfelessig | 8 Stängel Zitronenthymian | 200 g weiße Zwiebeln | 20 g frischer Ingwer | 2 EL Olivenöl | Salz | frisch gemahlener Pfeffer

Für 4 Schraub- oder Weckgläser à 250 ml
50 Min. Zubereitung | 3 Monate Haltbarkeit
Pro Glas ca. 215 kcal, 1 g EW, 5 g F, 37 g KH

1 Die Birnen waschen, schälen, vierteln und entkernen. Die Birnenviertel in ca. 1 cm große Stücke schneiden und in eine Schüssel geben. Birnendicksaft, Zitronensäure und Essig darübergeben.

2 Den Thymian waschen, trocken schütteln und die Blättchen abzupfen. Zwiebeln und Ingwer schälen und beides fein hacken. Das Olivenöl in einen Topf geben und erhitzen, Zwiebeln und Ingwer darin glasig dünsten. Die Birnen mit dem Saft dazugeben, dann offen bei kleiner Hitze ca. 30 Min. köcheln lassen, bis die Flüssigkeit verdampft ist.

3 Das Chutney mit Salz, Pfeffer und Thymian würzen und sofort in heiß ausgespülte Gläser (s. S. 5) füllen. Die Gläser verschließen. Das Chutney abkühlen lassen und bis zum Verschenken in den Kühlschrank stellen. Passt sehr gut zu Wild.

TIPP
Die Zitronensäure gibt es lose in der Apotheke oder in Päckchen im Supermarkt. Wer möchte, kann die Zitronensäure aber auch durch 1 EL frisch gepressten Zitronensaft ersetzen.

lange haltbar | mit feiner Schärfe
Mangochutney

2 große rote Zwiebeln | 2 feste reife Mangos (à ca. 500 g) | 2 EL Zucker | 150 ml weißer Aceto balsamico | Salz | frisch gemahlener weißer Pfeffer | 5 EL süße Chilisauce (Asienladen)

Für 4 Schraub- oder Weckgläser à 250 ml
⏱ 40 Min. Zubereitung | 6 Monate Haltbarkeit
Pro Glas ca. 170 kcal, 1 g EW, 1 g F, 36 g KH

1 Zwiebeln schälen und in feine Ringe schneiden. Mangos schälen und in ca. 4 cm langen Streifen vom Stein schneiden. 50 ml Wasser mit Zucker erhitzen und hell karamellisieren lassen. Die Zwiebeln darin glasig dünsten. Essig dazugießen, dann die Zwiebeln in weiteren 3–5 Min. weich dünsten.

2 Die Mangostreifen dazugeben und unter Rühren bei kleiner Hitze in 10–15 Min. weich garen. Das Chutney mit Salz, Pfeffer und Chilisauce abschmecken und in heiß ausgespülte Gläser (s. S. 5) füllen. Die Gläser sofort verschließen. Passt zu Fisch, Geflügel und Lamm.

für den Vorrat | süßsauer
Rote-Bete-Chutney

600 g Rote Bete | 2 große Äpfel (ca. 300 g) | 175 ml Himbeeressig | 1 Stück eingelegter Ingwer (Glas) | 200 g Schalotten | 100 g Zucker | 1 TL Meerrettich (Glas) | Salz | Pfeffer

Für 4 Schraub- oder Weckgläser à 250 ml
⏱ 1 Std. Zubereitung | 6 Monate Haltbarkeit
Pro Glas ca. 205 kcal, 3 g EW, 1 g F, 44 g KH

1 Rote Bete und Äpfel schälen (Einmalhandschuhe verwenden). Äpfel vierteln und entkernen. Rote Bete und Äpfel ca. 1 cm groß würfeln und mit Essig mischen. Ingwer fein hacken und dazugeben.

2 Die Schalotten schälen und fein hacken. 50 ml Wasser mit Zucker in einem Topf erhitzen, hell karamellisieren lassen, die Schalotten darin bei kleiner Hitze ca. 5 Min. dünsten. Die Rote-Bete-Mischung dazugeben und in ca. 45 Min. weich dünsten. Mit Meerrettich, Salz und Pfeffer würzen. In heiß ausgespülte Gläser (s. S. 5) füllen. Die Gläser sofort verschließen. Passt zu Schweine- und Rindfleisch.

schnell verbrauchen | würzig
Rehrillettes

Hierfür lassen sich gut kleine Rehteile mit Knochen verwerten. Mit feinen Gewürzen wird ein edles Geschenk daraus. Unbedingt im Kühlschrank aufbewahren!

3 mittelgroße Zwiebeln
2 Knoblauchzehen | 2 Möhren
400 g Schweinenacken
1,2 kg Rehfleisch am Knochen (z. B. Schulter, Nacken) | Salz | Pfeffer
5 Zweige Thymian
1 EL Butterschmalz
400 ml Wildfond (aus dem Glas)
ca. 250 ml Rotwein
20 g getrocknete Steinpilze
2 EL Pimentkörner | 2 EL Wacholderbeeren
abgeriebene Schale von ½ Bio-Orange
1 Lebkuchen | 400 g Schweineschmalz
150 g Preiselbeermarmelade (aus dem Glas)
2 EL Portwein
1 TL frisch geriebene Muskatnuss
3 Lorbeerblätter

Für 3 Weckgläser à 500 ml oder
1 Pastetenform (1,5 l Inhalt)
1 Std. 15 Min. Zubereitung
2 Std. 30 Min. Garen | 2 Wochen Haltbarkeit
Pro Glas ca. 1990 kcal, 96 g EW, 161 g F, 37 g KH

1 Zwiebeln und Knoblauch schälen. Möhren putzen und schälen. Gemüse und Schweinefleisch grob würfeln. Beide Fleischsorten salzen, pfeffern.

2 Thymian waschen und trocken schütteln, die Blätter abzupfen. Butterschmalz in einem Bräter erhitzen, Reh- und Schweinefleisch darin zusammen kräftig anbraten. Das Gemüse zufügen und ca. 3 Min. mitbraten. Fond und Rotwein dazugießen. Thymian, Steinpilze, Pimentkörner, 1 EL Wacholderbeeren, Orangenschale und den ganzen Lebkuchen zum Fleisch geben. Zugedeckt bei kleiner Hitze ca. 2 Std. 30 Min. köcheln lassen. Eventuell zwischendurch etwas Rotwein angießen (siehe Tipp).

3 Schweineschmalz zerlassen, abkühlen lassen. Rehfleisch herausnehmen, etwas abkühlen lassen, vom Knochen lösen und in mundgerechte Stücke schneiden. Das Schweinefleisch und Gemüse mit 200 ml Bratenfond durch die feine Scheibe des Fleischwolfs drehen oder pürieren. 300 g von dem etwas dicklichen Schweineschmalz mit dem Rehfleisch zum durchgedrehten Fleisch geben und gut mischen. Die Preiselbeermarmelade mit dem Portwein verrühren und unter die Masse heben.

4 Rehrillettes mit Salz, Pfeffer und Muskat würzen und in heiß ausgespülte Gläser (s. S. 5) oder in eine Pastetenform füllen. Restliches Schmalz darübergeben. Sobald es fest ist, mit den übrigen Wacholderbeeren und Lorbeerblättern garnieren. Die Gläser verschließen oder den Deckel auf die Form legen. Rillettes in den Kühlschrank stellen.

TIPP
Während das Fleisch schmort, darauf achten, dass genügend Bratenfond im Bräter ist. Bei Bedarf noch etwas Rotwein dazugießen, da er für die Zubereitung der Rillettesmasse benötigt wird.

ALLES UNTER VERSCHLUSS

edel zum Brunch | braucht etwas Zeit

Entenleberpastete

300 g Entenlebern
4 Schalotten | 1 Knoblauchzehe
1 EL Butterschmalz | 50 ml Portwein
500 g Entenfleisch mit Haut (z. B. Brust oder Keule)
100 g Schinkenspeck in dünnen Scheiben
2 Eier (M) | 200 g Sahne
1 EL frische Thymianblättchen
1 TL Lebkuchengewürz
Salz | frisch gemahlener Pfeffer

Für 3 Weckgläser à 500 ml
(mit 3 Gummiringen und 12 Klammern)
⏱ 45 Min. Zubereitung
2 Std. Garen | 3 Monate Haltbarkeit
Pro Glas ca. 880 kcal, 62 g EW, 64 g F, 10 g KH

1 Lebern von Häutchen und Fasern befreien, einmal durchschneiden. Schalotten und Knoblauch schälen, grob hacken. Butterschmalz in einer Pfanne erhitzen, Lebern darin rundum anbraten, dann herausnehmen. Schalotten und Knoblauch im Bratfett glasig dünsten. Mit Portwein ablöschen und offen bei kleiner Hitze 2–4 Min. köcheln lassen.

2 Den Backofen auf 200° vorheizen. Entenfleisch durch die feine Scheibe des Fleischwolfs drehen oder im Blitzhacker zerkleinern. Schinkenspeck in dünne Streifen schneiden und zum Fleisch geben.

3 Lebern, Eier, Sahne, Thymian und Lebkuchengewürz zur Fleischmasse geben. Alles mischen, salzen und pfeffern. Die Masse in Gläser füllen. Sofort mit Gummiring, Deckel und je vier Klammern verschließen. Im Wasserbad in der Fettpfanne im Ofen (Mitte, Umluft 180°) in ca. 2 Std. garen.

fein fürs Büfett | schnell verbrauchen

Lachsrillettes mit Oliven

500 g Lachsfilet ohne Haut (in Sushi-Qualität)
1 große Bio-Orange
400 ml trockener Weißwein (oder Fischfond aus dem Glas) | 40 g grüne Oliven (ohne Stein)
100 g Butter
50 g Krebsbutter (Feinkostregal)
2 EL Noilly Prat (Wermut, nach Belieben)
1 Msp. Kurkumapulver | 1 Knoblauchzehe
2 EL frisch gehackter Estragon
1 TL Salz | frisch gemahlener weißer Pfeffer

Für 2 Gläser mit Bügelverschluss à 250 ml oder
1 Pastetenform (500 ml Inhalt)
⏱ 35 Min. Zubereitung | 2 Wochen Haltbarkeit
Pro Glas ca. 1110 kcal, 48 g EW, 100 g F, 2 g KH

1 Den Lachs, wenn nötig, von Gräten und fetten, dunklen Stellen befreien. Die Orange heiß waschen und abtrocknen, die Schale fein abreiben und den Saft auspressen. Den Saft mit dem Weißwein erhitzen. Den Lachs darin bei kleiner Hitze 15–20 Min. ziehen lassen, dann herausheben, abtropfen und abkühlen lassen.

2 Oliven abtropfen lassen, klein schneiden. Butter, 30 g Krebsbutter, Noilly Prat und Kurkumapulver mit den Quirlen des Handrührgeräts schaumig schlagen. Knoblauch schälen und dazupressen. Orangenschale, Oliven, und Estragon unterrühren.

3 Den Lachs zerzupfen, unter die schaumige Butter mischen. Salzen und pfeffern. In heiß ausgespülte Gläser (s. S. 5) oder in eine Pastetenform füllen, glatt streichen. Übrige Krebsbutter zerlassen und darübergießen. Sofort verschließen oder den Deckel auflegen und kalt stellen.

fruchtig-scharf | lange haltbar

Feigensenf

9 reife blaue Feigen | 1½ EL Senfkörner |
150 g Gelierzucker 2:1 | 2 TL scharfes Senfpulver |
2 EL Himbeeressig | 2 EL Dijon-Senf | ½ TL Salz |
weißer Pfeffer | 1 Msp. Wasabipaste

Für 4 Gläser mit Schraub- oder Bügelverschluss
oder Weckgläser à 140 ml
 20 Min. Zubereitung | 3 Std. Ziehen
6 Monate Haltbarkeit
Pro Glas ca. 200 kcal, 1 g EW, 1 g F, 46 g KH

1 Feigen waschen, schälen und vierteln. Senfkörner im Mörser zerstoßen. Feigen mit Gelierzucker, Senfpulver, Senfkörnern, Essig und Senf in einem hohen Topf mischen und ca. 3 Std. ziehen lassen. Die Mischung unter Rühren aufkochen und offen ca. 3 Min. sprudelnd kochen lassen. Mit Salz, Pfeffer und Wasabipaste würzen. In heiß ausgespülte Gläser (s. S. 5) füllen, sofort verschließen. Passt gut zu Camembert, Ziegenkäse, Brie oder Weinbergkäse.

kühl aufbewahren | würzig

Oliven-Tapenade

30 g Basilikum | 4 Sardellen in Salzlake |
200 g schwarze Oliven (ohne Stein) | 2 EL Kapern |
1 getrocknete Chilischote | 2 Knoblauchzehen |
180 ml Olivenöl | Salz | frisch gemahlener Pfeffer

Für 2 Gläser mit Schraub- oder Bügelverschluss
oder Weckgläser à 250 ml Inhalt
 20 Min. Zubereitung | 4 Wochen Haltbarkeit
Pro Glas ca. 970 kcal, 6 g EW, 104 g F, 3 g KH

1 Die Basilikumblätter waschen, trocken tupfen und fein hacken. Die Sardellen abspülen, mit Oliven, Kapern und Chilischote fein pürieren. Den Knoblauch schälen und zum Püree pressen. Das Öl dazugießen und unterrühren. Mit Basilikum, Salz und Pfeffer würzen. Die Tapenade in heiß ausgespülte Gläser (s. S. 5) füllen und in den Kühlschrank stellen. Passt sehr gut zu Grissini (s. S. 25), frischem Ciabatta oder Bauernbrot.

mild-nussig | lange haltbar

Pistazienpesto

200 g Pistazienkerne | 200 ml Olivenöl |
6 EL frisch geriebener Parmesan | Salz | frisch gemahlener weißer Pfeffer

Für 2 Gläser mit Schraub- oder Bügelverschluss oder Weckgläser à 250 ml Inhalt
10 Min. Zubereitung | 6 Monate Haltbarkeit
Pro Glas ca. 4650 kcal, 78 g EW, 466 g F, 35 g KH

1 Pistazien grob hacken, mit 150 ml Öl mischen und fein pürieren. Parmesan unter die Pistazienmischung rühren. Das Pesto salzen und pfeffern.

2 Das Pesto in heiß ausgespülte Gläser (s. S. 5) füllen und mit dem restlichen Olivenöl bedecken. Die Gläser sofort verschließen und in den Kühlschrank stellen. Dazu passen Bandnudeln.

TIPP ZUM VERSCHENKEN
Ein Glas Pesto mit gekauften Bandnudeln in Geschenkfolie wickeln und mit einer Schleife verzieren. Eventuell ein Etikett mit der Haltbarkeit dranhängen.

sehr würzig | braucht etwas Zeit

Tomaten-Tapenade

100 g getrocknete Tomaten | 200 ml Olivenöl |
½ Bund Basilikum | 100 g geröstete und gesalzene Macadamianüsse | 3 EL frisch geriebener Parmesan | 1 EL Tomatenmark | 1 EL Aceto balsamico

Für 2 Gläser mit Schraub- oder Bügelverschluss oder Weckgläser à 250 ml
15 Min. Zubereitung | 12 Std. Quellen
6 Monate Haltbarkeit
Pro Glas ca. 1350 kcal, 6 g EW, 142 g F, 3 g KH

1 Tomaten vierteln, mit 150 ml Öl mischen und ca. 12 Std. quellen lassen. Basilikum waschen und trocken schütteln, die Blätter abzupfen. Mit eingelegten Tomaten und Nüssen pürieren. Parmesan, Tomatenmark und Essig unterrühren. In heiß ausgespülte Gläser (s. S. 5) füllen, mit übrigem Öl bedecken. Die Gläser sofort verschließen und in den Kühlschrank stellen. Dazu passt Ciabatta.

ALLES UNTER VERSCHLUSS

schnell verbrauchen | italienischer Klassiker
Marinierter Ziegenkäse

1 rote Paprikaschote (ca. 200 g)
1 gelbe Paprikaschote (ca. 200 g)
4 große Knoblauchzehen
2 EL roter Pfeffer
6 Ziegenfrischkäsetaler (à 40 g, z. B. Picandou)
½ Bio-Zitrone
4 kleine Zweige Rosmarin
100 g Kapernäpfel (oder Kapern)
400 ml kaltgepresstes Olivenöl

Für 2 Gläser mit Bügelverschluss à 750 ml
45 Min. Zubereitung | 2 Tage Marinieren
ca. 3 Wochen Haltbarkeit
Pro Glas ca. 510 kcal, 24 g EW, 41 g F, 11 g KH

1 Die Paprikaschoten vierteln, putzen, waschen und mit der Hautseite nach oben auf ein Backblech legen. Im Backofen (oben) bei höchster Grillstufe 6–8 Min. rösten, bis die Haut schwarz wird und Blasen wirft. Paprikaviertel aus dem Ofen nehmen, mit einem feuchten Tuch bedecken und ca. 5 Min. abkühlen lassen, dann häuten und längs halbieren.

2 Knoblauch schälen und halbieren. Pfefferkörner im Mörser zerstoßen, auf den Ziegenkäsetalern verteilen und leicht andrücken. Die Zitrone heiß waschen, abtrocknen und in 6 Scheiben schneiden.

3 Die Paprikastreifen mit Knoblauch, Ziegenkäse, Zitronenscheiben, Rosmarinzweigen und Kapernäpfeln gleichmäßig in die heiß ausgespülten Gläser (s. S. 5) geben. Das Olivenöl darübergießen und die Gläser sofort verschließen. Den Ziegenkäse ca. 2 Tage marinieren lassen.

schnell gemacht | fein-würzig
Estragon-Champignons

750 g weiße Champignons (oder braune)
2 EL Salz
150 ml Estragonessig
150 g kleine Schalotten
4 Knoblauchzehen
2 Stängel Estragon
150–200 ml Olivenöl

Für 1 Glas mit Bügelverschluss mit 1 l Inhalt
30 Min. Zubereitung | 2 Wochen Marinieren
3 Monate Haltbarkeit
Ca. 400 kcal, 22 g EW, 28 g F, 15 g KH

1 Die Champignons putzen. 750 ml Wasser in einem großen Topf aufkochen lassen, dann salzen. Die Pilze dazugeben und zugedeckt bei kleiner Hitze ca. 5 Min. kochen lassen. Die Pilze in ein Sieb abgießen und abtropfen lassen.

2 750 ml Wasser mit Essig aufkochen lassen. Inzwischen Schalotten und Knoblauch schälen, den Knoblauch halbieren. Beides mit Pilzen zum Essigwasser geben und offen ca. 5 Min. kochen lassen.

3 Pilze, Schalotten und Knoblauch mit einer Schaumkelle aus dem Sud in ein Sieb heben. Den Sud offen bei mittlerer Hitze ca. 5 Min. köcheln lassen. Inzwischen den Estragon abbrausen, trocken tupfen und mit Champignons, Schalotten und Knoblauch in das heiß ausgespülte Glas (s. S. 5) schichten. 400 ml heiße Marinade durch ein Sieb über die Pilze gießen, das Öl darübergeben. Das Glas sofort verschließen und die Pilze ca. 2 Wochen marinieren lassen.

Flaschengeister

Exotischer Essig, ein raffiniertes Salatdressing, grüner Ketchup, würzige Öle – in diesem Kapitel gibt es flüssige Köstlichkeiten, die man so nicht kaufen kann. Abgefüllt in einer attraktiven Flasche, darüber freut sich jeder Gastgeber. Ich punkte bei Einladungen immer mit diesem Zitronenmelissesirup und einer Flasche Sekt für den Aperitif.

Zitronenmelissesirup

1 Handvoll Zitronenmelisse
200 g Zucker
3 Tropfen grüne Lebensmittelfarbe
1 Stängel Zitronengras

Für 1 Flasche mit Bügelverschluss und 250 ml Inhalt
45 Min. Zubereitung | 4 Wochen Haltbarkeit
Pro Flasche ca. 800 kcal, 0 g EW, 0 g F, 200 g KH

1 Die Zitronenmelisse waschen und trocken schütteln, die Blättchen abzupfen. 200 ml Wasser und Zucker in einen Topf geben und bei kleiner Hitze 3–4 Min. köcheln lassen, bis der Zucker vollständig gelöst ist. Die Zitronenmelisse dazugeben, alles aufkochen lassen, den Topf beiseitestellen und den Sirup ca. 30 Min. ziehen lassen.

2 Den Sirup durch ein Sieb in eine Schüssel abgießen und mit der grünen Lebensmittelfarbe leicht einfärben. Den Sirup in die heiß ausgespülte Flasche (s. S. 5) füllen.

3 Das Zitronengras waschen, abtrocknen, mit einem Nudelholz andrücken und in den Sirup stecken. Die Flasche verschließen.

VARIANTE
Für Waldmeistersirup, die Grundlage für eine Waldmeisterbowle, die Zitronenmelisse gegen die gleiche Menge Waldmeister austauschen und das Zitronengras weglassen.

FLASCHENGEISTER

braucht Zeit zum Reifen
Brombeerlikör

1 Vanilleschote
500 g Brombeeren
200 g weißer Kandiszucker
500 ml Wodka

Für 1 Flasche mit 1,5 l Inhalt
⏲ 15 Min. Zubereitung | 3 Monate Ziehen
Pro Flasche ca. 2100 kcal, 6 g EW, 5 g F, 231 g KH

1 Die Vanilleschote längs aufschneiden und das Mark herauskratzen. Schote und Mark in ein Weckglas (ca. 1,5 l Inhalt) geben. Die Brombeeren verlesen und abwechselnd mit dem Kandis in das Glas schichten. Den Wodka darübergießen.

2 Den Deckel auf das Weckglas legen und die Mischung an einem kühlen und dunklen Ort ca. 3 Monate ziehen lassen. Den Likör in ein Sieb abgießen und in die heiß ausgespülte Flasche (s. S. 5) füllen. Die Flasche sofort verschließen.

SERVIER-TIPP
Der Likör schmeckt pur sehr gut oder mit eiskaltem Sekt oder Prosecco aufgefüllt.

AROMA-TIPP
Die Vanilleschote mit dem Mark und 50 ml Wodka erhitzen. So löst sich das Aroma besonders gut.

VARIANTE MIT SCHLEHEN
Besonders fein und aromatisch: Den Likör anstelle von Brombeeren mit 500 g Schlehen ansetzen. Für noch mehr Aroma die Schlehen zuvor einfrieren.

schnell verbrauchen | cremig-schokoladig
Schokoladenlikör

150 g Zartbitterschokolade (70 % Kakaoanteil)
100 g Vollmilchschokolade
500 ml Milch (3,5 % Fett)
250 g Zucker
4 Eigelb (M)
125 ml Weingeist (90 %; aus der Apotheke)
125 ml Orangenlikör (z. B. Cointreau)
Zimtpulver

Für 2 Flaschen à 500 ml Inhalt
⏲ 40 Min. Zubereitung | 2 Wochen Haltbarkeit
Pro Flasche ca. 1860 kcal, 25 g EW, 66 g F, 209 g KH

1 Die Zartbitter- und Vollmilchschokolade grob hacken. Die Milch in einen Topf gießen. Mit 150 g Zucker unter Rühren einmal kurz aufkochen. Die Schokolade in die heiße Milch geben und unter kräftigem Rühren mit dem Schneebesen schmelzen lassen. Die Schokoladenmilch beiseitestellen.

2 Eigelbe und restlichen Zucker mit den Quirlen des Handrührgeräts weißschaumig schlagen. Erst den Weingeist, dann den Orangenlikör nach und nach unter Rühren zur Eiermasse geben.

3 Die warme Schokoladenmilch nach und nach unter Rühren zur Alkoholmischung geben und so lange rühren, bis ein glatter cremiger Likör entsteht. Den Likör nach Geschmack mit Zimtpulver abschmecken und durch ein Sieb gießen, dann mithilfe eines Trichters in eine sterilisierte Flasche (s. S. 5) füllen. Die Flasche sofort verschließen und bis zum Verschenken in den Kühlschrank stellen. Den Likör vor jedem Genuss kräftig schütteln.

FLASCHENGEISTER

kühl aufbewahren | ganz einfach

Beerenlimes

1 Zitrone
500 g TK-Waldbeerenmischung
250 g Zucker
300 ml Wodka
100 ml Johannisbeerlikör (z. B. Cassis)

Für 1 Flasche mit 750 ml Inhalt
15 Min. Zubereitung | 5 Std. Auftauen
8 Wochen Haltbarkeit
Pro Flasche ca. 2030 kcal, 4 g EW, 3 g F, 330 g KH

1 Den Saft der Zitrone auspressen. Die Waldbeerenmischung in eine Schüssel geben, mit Zitronensaft übergießen, mit Zucker bestreuen und in ca. 5 Std. auftauen lassen.

2 Die aufgetauten Beeren durch ein feines Sieb streichen, dabei das Fruchtmark auffangen. Das Fruchtmark, Wodka und Johannisbeerlikör mit einem Schneebesen ca. 5 Min. kräftig verrühren, damit sich alles gut verbindet. Limes mithilfe eines Trichters in eine sterilisierte Flasche (s. S. 5) füllen. Die Flasche sofort verschließen und bis zum Verschenken in den Kühlschrank stellen.

SERVIER-TIPP
Beerenlimes schmeckt sehr gut mit eiskaltem Sekt oder Prosecco aufgefüllt oder zu Eis.

VARIANTE
Der Limes schmeckt auch mit anderen TK-Beeren wie Erdbeeren, Himbeeren oder Blaubeeren.

lange haltbar | zitrusfrisch

Orangensirup

6 große Bio-Saftorangen
1 Zitrone | 300 g Zucker
1 Vanilleschote
4 Kardamomkapseln
2 EL Orangenlikör (nach Belieben)

Für 1 Flasche mit 300 ml Inhalt
35 Min. Zubereitung | 6 Monate Haltbarkeit
Pro Flasche ca. 1450 kcal, 5 g EW, 1 g F, 347 g KH

1 Saft der Orangen und Zitrone auspressen. Mit Zucker in einen hohen Topf geben. Vanilleschote längs aufschneiden und das Mark herauskratzen. Mark und Schote zum Saft geben. Kardamomkapseln im Mörser kurz zerstoßen. Die Kapseln entfernen und nur die Samen unter den Saft rühren.

2 Die Saftmischung unter Rühren aufkochen und offen bei mittlerer Hitze ca. 20 Min. sprudelnd kochen lassen, bis der Saft sirupartig eingedickt ist. Die Vanilleschote entfernen. Nach Belieben den Orangenlikör unterrühren. Den Sirup in die heiß ausgespülte Flasche (s. S. 5) füllen. Die Flasche sofort verschließen und in den Kühlschrank stellen.

TIPP – ORANGENSCHALE TROCKNEN
Vor dem Auspressen die Schale der Orangen mit einer Zestenreibe abreiben. Mit 1 EL Zucker und 100 ml Wasser in einem kleinen Topf mischen, aufkochen und ca. 3 Min. köcheln lassen. Die Mischung auf einem mit Backpapier ausgelegten Backblech verteilen. Im heißen Ofen (Mitte) bei 50° in ca. 2 Std. 30 Min. trocknen lassen. In einem Cellophantütchen mit dem Sirup verschenken. Beides ist toll zum Würzen von Obstsalat, Süßspeisen und Gebäck.

links: Orangensirup | rechts: Beerenlimes

gut kühlen | Kinder- und Männerhit

Grüner Tomatenketchup

Gartenbesitzer kennen das: Am Ende der Tomatensaison sind reichlich grüne Früchte übrig. Was tun damit? Zu Ketchup verarbeiten – so begeistern sie jeden.

3 mittelgroße Zwiebeln | 3 Knoblauchzehen | 1 Stück frischer Ingwer (ca. 5 cm) | 1 rote Chilischote | 2 grüne Paprikaschoten | 1 Fenchelknolle | 1 kg grüne Tomaten | je 5 Zweige Rosmarin und Thymian | 3 EL Olivenöl | 2 TL Steinpilzhefebrühe (Reformhaus) | 80 g Zucker | 125 ml Aceto balsamico | Salz | Pfeffer | ½ TL Wasabipaste | grüne Lebensmittelfarbe (nach Belieben)

Für 4 Flaschen à 250 ml Inhalt
⏱ 105 Min. Zubereitung | 3 Monate Haltbarkeit
Pro Flasche ca. 260 kcal, 4 g EW, 8 g F, 39 g KH

1 Zwiebeln, Knoblauch und Ingwer schälen und grob würfeln. Chili und Paprikaschoten, Fenchel und Tomaten waschen, putzen und grob würfeln. Kräuter waschen, Nadeln und Blättchen abzupfen. Öl erhitzen, das Gemüse darin ca. 5 Min. anbraten. Kräuter, 500 ml Wasser und Brühe dazugeben und zugedeckt ca. 45 Min. köcheln lassen.

2 Gemüsemasse pürieren, durch ein feines Sieb streichen. 100 ml Wasser erhitzen, Zucker darin schmelzen und hell karamellisieren lassen. Essig dazugießen. Gemüsepüree dazugeben und offen ca. 15 Min. köcheln lassen. Mit Salz, Pfeffer und Wasabipaste würzen. Nach Belieben Lebensmittelfarbe dazugeben. In heiß ausgespülte Flaschen (s. S. 5) füllen. Die Flaschen sofort verschließen.

VARIANTE – GRÜNE TOMATENMARMELADE

1 kg grüne Tomaten waschen, pürieren, mit 500 g Gelierzucker 2 : 1 mischen, 3 Std. ziehen lassen. Mit 1 gehackten roten Chilischote und 2 EL rotem Pfeffer unter Rühren aufkochen und offen ca. 3 Min. sprudelnd kochen lassen. In 4 Schraubgläser à 250 ml füllen, verschließen. Hält sich ca. 1 Jahr. Passt zu kaltem Braten und Käse.

lange haltbar | sehr aromatisch

Basilikumöl

1 großes Bund Basilikum | 1 kleine Knoblauchzehe | 1 getrocknete Chilischote | 500 ml Olivenöl

Für 1 Flasche mit 500 ml Inhalt
40 Min. Zubereitung | 1 Woche Ziehen
6 Monate Haltbarkeit
Pro Flasche ca. 4500 kcal, 0 g EW, 500 g F, 0 g KH

1 Basilikum waschen und trocken tupfen, die Blätter in grobe Streifen schneiden. Knoblauch schälen. Mit Basilikum und der ganzen Chilischote in einen Topf geben. Das Öl darübergießen und bei kleiner Hitze in ca. 30 Min. erwärmen (nicht kochen!). Basilikumöl in ein heiß ausgespültes Schraubglas (s. S. 5) füllen, sofort verschließen. Das Öl 1 Woche ziehen lassen. Durch ein Sieb gießen und in die heiß ausgespülte Flasche füllen.

VARIANTE
Basilikum durch die gleiche Menge Bärlauch, Rosmarin, Estragon oder Thymian ersetzen.

schnell gemacht | sehr würzig

Asiaöl

2 EL Korianderkörner | 2 frische Chilischoten | 20 g frischer Ingwer | 500 ml Maiskeimöl | Salz | frisch gemahlener weißer Pfeffer | 2 Zweige Rosmarin

Für 1 Flasche mit 500 ml Inhalt
40 Min. Zubereitung | 6 Monate Haltbarkeit
Pro Flasche ca. 4510 kcal, 1 g EW, 500 g F, 2 g KH

1 Korianderkörner in einem Mörser etwas zerstoßen und in einer kleinen beschichteten Pfanne bei kleiner Hitze 2–3 Min. rösten, in einen Topf geben. Pfefferschoten waschen, in feine Ringe schneiden. Ingwer schälen und in feine Streifen schneiden.

2 Chilischoten und Ingwer zum Koriander in den Topf geben. Das Öl darübergießen und bei kleiner Hitze ca. 30 Min. erwärmen (nicht kochen!). Das Öl mit Salz und Pfeffer würzen. Rosmarin waschen und trocken tupfen. Mit Öl und Gewürzen in eine heiß ausgespülte Flasche (s. S. 5) füllen.

länger haltbar | für Feinschmecker

Portwein-Vinaigrette

Ein superfeines Dressing für alle Blattsalatsorten. Das edle Dressing auf Vorrat zubereiten, dann ist es jederzeit zum Verschenken griffbereit.

2 Schalotten | 1 Knoblauchzehe | 1 EL Dijon-Senf | 2 EL frische Rosmarinnadeln | 250 ml roter Portwein | 50 ml Himbeeressig (s. S. 57 Variante) | 150 ml Aceto balsamico | 40 ml Johannisbeerlikör (z. B. Cassis) | 300 ml kaltgepresstes Olivenöl | 100 ml Kürbiskernöl | Salz | schwarzer Pfeffer

Für 1 Flasche mit 750 ml Inhalt
40 Min. Zubereitung | 3 Monate Haltbarkeit
Pro Flasche ca. 360 kcal, 1 g EW, 401 g F, 48 g KH

1 Schalotten und Knoblauch schälen und fein hacken. Mit Senf, Rosmarinnadeln und Portwein in einen Topf geben und verrühren. Die Mischung aufkochen und offen bei kleiner Hitze auf etwa die Hälfte dicklich einköcheln lassen.

2 Die Mischung durch ein feines Sieb in eine Schüssel abgießen. Beide Essigsorten und den Likör dazugeben und verrühren. Das Oliven- und Kürbiskernöl nach und nach unter kräftigem Rühren mit dem Schneebesen dazugeben.

3 Die Vinaigrette mit Salz und Pfeffer würzen, mithilfe eines Trichters in eine heiß ausgespülte Flasche (s. S. 5) füllen. Die Flasche sofort verschließen.

VARIANTE

Auch fein: Für eine helle Vinaigrette weißen Portwein statt roten nehmen. Himbeeressig durch Mangoessig ersetzen und Aceto balsamico durch weißen Aceto balsamico. Anstelle von Likör Ananassaft verwenden und das Kürbiskernöl gegen Sesamöl tauschen.

fruchtig-feine Säure
Zwetschgenessig

500 g Zwetschgen | 100 g Zucker | 500 ml milder Weißweinessig (5 % Säure)

Für 1 Flasche mit 750 ml Inhalt
15 Min. Zubereitung | 12 Std. Ziehen
2 Wochen Ziehen | 6 Monate Haltbarkeit
Pro Flasche ca. 500 kcal, 0 g EW, 0 g F, 105 g KH

1 Zwetschgen waschen, halbieren und entsteinen. Die Hälften halbieren, in einem Topf mit Zucker bestreuen, ca. 12 Std. ziehen lassen. Den Essig dazugeben und offen ca. 5 Min. köcheln lassen. Die Mischung in zwei heiß ausgespülte Schraubgläser à 1 l Inhalt (s. S. 5) füllen. Die Gläser verschließen und 2 Wochen an einem kühlen Ort ruhen lassen. Den Essig durch ein feines Sieb in eine Schüssel abgießen und in die heiß ausgespülte Flasche füllen.

VARIANTEN
Die Zwetschgen durch die gleiche Menge Mango in Stückchen oder TK-Himbeeren ersetzen.

lange haltbar | sehr edel
Dattelessig

100 g getrocknete Datteln ohne Stein |
2 EL Zucker | 100 ml Holunderblütensirup |
1 Stück Schale von 1 Bio-Orange | 500 ml Aceto balsamico

Für 2 Flaschen à 250 ml | 40 Min. Zubereitung
2 Wochen Ziehen | 6 Monate Haltbarkeit
Pro Flasche ca. 460 kcal, 1 g EW, 1 g F, 100 g KH

1 Datteln in Achtel schneiden. Mit Zucker, Holunderblütensirup, Orangenschale und Essig in einem Topf aufkochen, dann offen bei kleiner Hitze in ca. 30 Min. dicklich einköcheln lassen. Den Essig in ein heiß ausgespültes Schraubglas (s. S. 5) füllen. Das Glas sofort verschließen und den Essig 2 Wochen ziehen lassen. Den Essig durch ein Sieb abgießen und in die heiß ausgespülten Flaschen füllen.

TIPP ZUM VERSCHENKEN
Gleichzeitig das Basilikumöl von Seite 55 ansetzen – Öl und Essig müssen etwa 2 Wochen ziehen. Dann ist das würzige Duo fertig zum Verschenken.

schnell gemacht | macht süchtig

Karamell-Vanille-Sauce

300 g Sahne
Salz
2 Vanilleschoten
225 g Zucker
50 g Butter

Für 2 Flaschen à 200 ml Inhalt
⏲ 25 Min. Zubereitung | 2 Monate Haltbarkeit
Pro Flasche ca. 1100 kcal, 4 g EW, 68 g F, 118 g KH

1 Sahne und 1 Prise Salz in einen Topf geben. Die Vanilleschoten längs aufschneiden und das Mark herauskratzen und dazugeben. Die Sahne aufkochen lassen, dann beiseitestellen.

2 Inzwischen den Zucker in einem Topf bei mittlerer Hitze schmelzen und goldbraun karamellisieren lassen. Die Butter dazugeben und unter Rühren bei kleiner Hitze ca. 1 Min. köcheln lassen.

3 Die heiße Vanillesahne nach und nach unter den Karamell rühren, aufkochen und offen ca. 2 Min. kochen lassen, bis der Karamell vollständig gelöst ist. Die Sauce zügig in die sterilisierten Flaschen (s. S. 5) füllen. Die Flaschen sofort verschließen und in den Kühlschrank stellen.

SERVIER-TIPP
Die abgekühlte Sauce ist cremig-fest und schmeckt sehr fein als Aufstrich auf Croissants. Warm passt sie gut zu Eis oder Früchten. Zum Erwärmen die Flasche mit der Sauce ins heiße Wasserbad stellen oder in der Mikrowelle bei 360 Watt in 1–2 Min. erwärmen.

ganz einfach | kühl aufbewahren

Himbeersauce

700 g TK-Himbeeren
1 Zitrone
250 g Gelierzucker 2 : 1

Für 2 Flaschen à 200 ml Inhalt
⏲ 30 Min. Zubereitung | 3 Monate Haltbarkeit
Pro Flasche ca. 610 kcal, 5 g EW, 1 g F, 140 g KH

1 Die Himbeeren in eine Schüssel geben. Den Saft der Zitrone auspressen und über die Beeren gießen. Die Himbeeren auftauen lassen.

2 Die aufgetauten Himbeeren pürieren und durch ein feines Sieb streichen, dabei das Fruchtmark in einer Schüssel auffangen. Den Gelierzucker zum Fruchtmark geben.

3 Die Mischung mit den Quirlen der Küchenmaschine oder des Handrührgeräts 15–20 Min. schlagen, bis der Zucker vollständig gelöst ist und sich auf der Oberfläche der Himbeermasse etwas weißer Schaum bildet.

4 Die Himbeersauce mithilfe eines Trichters in die heiß ausgespülten und trocknen Flaschen (s. S. 5) füllen. Die Flaschen sofort verschließen und in den Kühlschrank stellen.

VARIANTE – KALT GERÜHRTER HIMBEERAUFSTRICH
500 g TK-Himbeeren auftauen lassen und wie oben beschrieben weiterverarbeiten. Das Fruchtmark in Schraubgläser füllen und einen Tag ruhen lassen. Schmeckt fein auf knusprig frischen Brötchen. Die Marmelade ist nicht so fest wie herkömmliche Marmelade.

links: Karamell-Vanille-Sauce | rechts: Himbeersauce

REGISTER

Zum Gebrauch
Damit Sie Rezepte mit bestimmten Zutaten noch schneller finden können, stehen in diesem Register zusätzlich auch beliebte Zutaten wie **Datteln** oder **Mandeln** – ebenfalls alphabetisch geordnet und **hervorgehoben** – über den entsprechenden Rezepten.

A

Apfel
   Liebesäpfel 14
   Rote-Bete-Chutney 39
Aprikosenherz 16
Asiaöl 55

B

Baiser-Küsse, Rosa 6
Basilikumöl 55
Beeren
   Beerenlimes 52
   Beerenmarmelade 31
   Brombeerlikör 50
   Himbeeraufstrich (Variante) 58
   Himbeersauce 58
Birnenchutney 38
Brombeerlikör 50

C

Champignons: Estragon-
   Champignons 46
Chutneys
   Birnenchutney 38
   Mangochutney 39
   Rote-Bete-Chutney 39
Cookies 14
Cranberrys
   Früchtebrot 27
   Osterbrot 28

D

Datteln
   Dattelessig 57
   Dattelmakronen (Variante) 20
   Früchtebrot 27
   Nuss-Früchte-Rauten 12
   Walnussdatteln im Mäntelchen 20

E

Entenleberpastete 42
Essig
   Dattelessig 57
   Helle Vinaigrette (Variante) 57
   Portwein-Vinaigrette 56
   Zwetschgenessig 57
Estragon-Champignons 46

F/G

Feigensenf 44
Früchtebrot 27
Gelierzucker
   Grüne Tomatenmarmelade (Variante) 54
   Beerenmarmelade 31
   Feigensenf 44
   Himbeersauce 58
Gewürze
   Glühweingewürz 6
   Reis-Gewürzmischung 24
   Wild-Gewürzmischung 24
Gewürznüsse 25
Glühweingewürz 6
Grissini mit Thymian 25
Grüne Tomatenmarmelade (Variante) 54
Grüner Tomatenketchup 54

H/I

Haselnüsse
   Nuss-Frucht-Rauten 12
   Nusskuchen im Glas 32

Hefe
   Grissini mit Thymian 25
   Osterbrot 28
Himbeeren
   Himbeeraufstrich (Variante) 58
   Himbeersauce 58
Ingwer
   Asiaöl 55
   Birnenchutney 38
   Grüner Tomatenketchup 54
   Rote-Bete-Chutney 39

K

Kalt gerührte Marmelade 7
Kandis in Rum 7
Karamell-Vanille-Sauce 58
Karamellnüsse 23
Ketchup (Tipp) 36
Kirschkompott 34
Kleine Schokoladenherzen (Variante) 10
Knusperwölkchen 9
Kräuter
   Asiaöl 55
   Basilikumöl 55
   Birnenchutney 38
   Estragon-Champignons 46
   Grissini mit Thymian 25
   Grüner Tomatenketchup 54
   Marinierter Paprika 46
   Oliven-Tapenade 44
   Rosmarin-Ofen-Tomaten 36
   Zitronenmelissensirup 48
Kuvertüre
   Marzipankonfekt 18
   Schoko-Nuss-Herz 10

L

Lachsrillettes mit Oliven 42
Lebensmittelfarbe
   Aprikosenherz 16
   Grüner Tomatenketchup 54
   Liebesäpfel 14

REGISTER

Zitronenmelissesirup 49
Liebesäpfel 14
Likör
  Beerenlimes 52
  Brombeerlikör 50
  Schlehenlikör (Variante) 50
  Schokoladenlikör 50

M

Mandeln
  Aprikosenherz 16
  Früchtebrot 27
  Gewürznüsse 25
  Karamellnüsse 23
  Knusperwölkchen 9
  Liebesäpfel 14
  Mandelsplitter 6
  Nuss-Frucht-Rauten 12
  Osterbrot 28
Mangochutney 39
Marinierter Ziegenkäse 46
Marmelade
  Beerenmarmelade 31
  Grüne Tomatenmarmelade (Variante) 54
  Kalt gerührte Marmelade 7
Marzipankonfekt 18
Marzipankuchen im Glas 32
Müsli im Glas 7

N

Nüsse
  Gewürznüsse 25
  Karamellnüsse 23
  Knusperwölkchen 9
  Nuss-Frucht-Rauten 12
  Nusskuchen im Glas 32
  Schoko-Nuss-Herz 10
  Tomaten-Tapenade 45
  Walnussdatteln im Mäntelchen 20

O

Öl
  Asiaöl 55
  Basilikumöl 55
Oliven
  Lachsrillettes mit Oliven 42
  Oliven-Tapenade 44
Orangen
  Orangenschalen trocknen (Tipp) 52
  Orangensirup 52
  Punschorangen 34
Osterbrot 28

P

Papaya: Kalt gerührte Marmelade 7
Parmesan: Pistazienpesto 45
Pistazien
  Marzipankonfekt 18
  Pistazienpesto 45
Portwein
  Entenleberpastete 42
  Nusskuchen im Glas 32
  Portwein-Vinaigrette 56
Punschorangen 34

R

Rehrillettes 41
Reis-Gewürzmischung 24
Rosa Baiser-Küsse 6
Rosmarin
  Marinierter Paprika 46
  Portwein-Vinaigrette 56
  Rosmarin-Ofentomaten 36
Rote-Bete-Chutney 39

S

Saucen
  Himbeersauce 58
  Karamell-Vanille-Sauce 58
Schalotten
  Estragon-Champignons 46
  Portwein-Vinaigrette 56
  Rote-Bete-Chutney 39
Schoko-Nuss-Herz 10
Schokolade
  Kleine Schokoladenherzen (Variante) 10
  Knusperwölkchen 9
  Marzipankuchen im Glas 32
  Schokoladenlikör 50
  Schokoladentaler (Variante) 10
  Schokoladentrüffel 18
Schokoladenherzen, Kleine (Variante) 10
Schokoladenlikör 50
Schokoladentaler (Variante) 10
Schokoladentrüffel 18

T

Tomaten
  Grüne Tomatenmarmelade (Variante) 54
  Grüner Tomatenketchup 54
  Rosmarin-Ofentomaten 36
  Tomaten-Tapenade 45
Tomatenketchup, Grüner 54
Tomatenmarmelade, Grüne (Variante) 54
Trockenfrüchte
  Früchtebrot 27
  Nuss-Frucht-Rauten 12
  Osterbrot 28

W/Z

Walnussdatteln im Mäntelchen 20
Wild-Gewürzmischung 24
Ziegenkäse, Marinierter 46
Zitronengras: Zitronenmelissesirup 49
Zitronenmelissesirup 49
Zwetschgenessig 57
Zwiebeln
  Birnenchutney 38
  Grüner Tomatenketchup 54
  Mangochutney 39

IMPRESSUM

Unsere Garantie

Alle Informationen in diesem Ratgeber sind sorgfältig und gewissenhaft geprüft. Sollte dennoch einmal ein Fehler enthalten sein, schicken Sie uns das Buch mit dem entsprechenden Hinweis an unseren Leserservice zurück. Wir tauschen Ihnen den GU-Ratgeber gegen einen anderen zum gleichen oder ähnlichen Thema um.

Liebe Leserin und lieber Leser,

wir freuen uns, dass Sie sich für ein GU-Buch entschieden haben. Mit Ihrem Kauf setzen Sie auf die Qualität, Kompetenz und Aktualität unserer Ratgeber. Dafür sagen wir Danke! Wir wollen als führender Ratgeberverlag noch besser werden. Daher ist uns Ihre Meinung wichtig. Bitte senden Sie uns Ihre Anregungen, Ihre Kritik oder Ihr Lob zu unseren Büchern. Haben Sie Fragen oder benötigen Sie weiteren Rat zum Thema? Wir freuen uns auf Ihre Nachricht!

Wir sind für Sie da!
Montag – Donnerstag: 8.00 – 18.00 Uhr;
Freitag: 8.00 – 16.00 Uhr
Tel.: 0180-5 00 50 54*   *(0,14 €/Min. aus
Fax: 0180-5 01 20 54*   dem dt. Festnetz;
                         Mobilfunkpreise
E-Mail: maximal 0,42 €/Min.)
leserservice@graefe-und-unzer.de

PS: Wollen Sie noch mehr Aktuelles von GU wissen, dann abonnieren Sie doch unseren kostenlosen GU-Online-Newsletter und/oder unsere kostenlosen Kundenmagazine.

GRÄFE UND UNZER VERLAG
Leserservice
Postfach 86 03 13
81630 München

© 2010
GRÄFE UND UNZER VERLAG GmbH, München

Alle Rechte vorbehalten. Nachdruck, auch auszugsweise, sowie die Verbreitung durch Film, Funk, Fernsehen und Internet, durch fotomechanische Wiedergabe, Tonträger und Datenverarbeitungssysteme jeglicher Art nur mit schriftlicher Genehmigung des Verlages.

Projektleitung: Tanja Dusy
Lektorat: Maryna Zimdars
Korrektorat: Mischa Gallé
Layout, Typografie und Umschlaggestaltung: independent Medien-Design, Horst Moser, München
Satz: Liebl Satz+Grafik, Emmering
Herstellung: Claudia Labahn
Reproduktion: Wahl Media, München
Druck: Firmengruppe APPL, aprinta druck, Wemding
Bindung: Firmengruppe APPL, sellier druck, Freising

ISBN 978-3-8338-1477-8

3. Auflage 2011

Die Temperaturangaben bei Gasherden variieren von Hersteller zu Hersteller. Welche Stufe Ihres Herdes der jeweils angegebenen Temperatur entspricht, entnehmen Sie bitte der Gebrauchsanweisung. Bei Elektroherden können die Backzeiten je nach Herd variieren. Bei Kuchen empfiehlt sich immer die Stäbchenprobe. Dazu mit einem Holzstäbchen in die Mitte des Gebäcks stechen, kurz warten und wieder herausziehen. Klebt kein Teig am Stäbchen, ist das Gebäck fertig.

Die Autorin

Sabine Freifrau von Imhoff leitete nach ihrer Ausbildung zur Hauswirtschaftsleiterin zunächst ein Schulungszentrum für Herde und Mikrowellengeräte. Später schrieb die Mutter von drei Kindern mehrere Kochbücher zu verschiedenen Themen. Ihre Vorliebe für kleine, feine selbst gemachte Köstlichkeiten und ihre Freude am Schenken führten zur Idee für dieses Buch.

Der Fotograf

Jörn Rynio zählt zu seinen Auftraggebern internationale Zeitschriften, namhafte Buchverlage und Werbeagenturen. Mit einer großen Portion Kreativität und appetitanregendem Styling setzt der Hamburger Fotograf Food-Spezialitäten stimmungsvoll in Szene. Tatkräftig unterstützt wird er von seinen Stylistinnen Petra Speckmann (Food) und Michaela Suchy (Requisite).

Bildnachweis

Titelfoto: Martina Görlach, München
alle anderen: Jörn Rynio, Hamburg

Syndication:
www.jalag-syndication.de

Titelbildrezepte

Schokoladentaler (Variante; S. 10),
Rosmarin-Ofentomaten (S. 36)

Ein Unternehmen der
GANSKE VERLAGSGRUPPE

Kochlust pur

Die neuen KüchenRatgeber – da steckt mehr drin

Änderungen und Irrtum vorbehalten

Das macht sie so besonders:
- Neue mmmh-Rezepte – unsere beste Auswahl für Sie
- Praktische Klappen – alle Infos auf einen Blick
- Die 10 GU-Erfolgstipps – so gelingt es garantiert

Willkommen im Leben.

Einfach göttlich kochen und himmlisch speisen?

Die passenden Rezepte, Küchentipps und -tricks

in Wort und Film finden Sie ganz einfach unter:

www.küchengötter.de

Was es zum Verpacken braucht

Das kommt immer sehr gut an: Selbstgemachtes in einer besonderen Verpackung – am besten selbst entworfen und gestaltet. Hier einige Anregungen.

Schachteln und Kisten Gebrauchte Pralinenschachteln, kleine Holzkisten und stabile Kartons sind zum Wegwerfen viel zu schade. Sie bekommen ein neues Outfit, indem man sie mit buntem Geschenk- oder farbigem Packpapier, Glanz- oder Japanpapier, Kalenderblättern mit Kunstmotiven oder schönem Stoff beklebt und dann mit leicht zerknülltem Seidenpapier auslegt. So lassen sich Pralinen, Konfekt, Plätzchen, zartes Gebäck und Törtchen effektvoll verschenken.

Papier- und Cellophantüten gibt es im Handel in verschiedenen Größen und Formen. Wer möchte, kann einfache Packpapiertüten selbst bemalen oder beschriften. Für eine selbst gebastelte Spitztüte aus Geschenkpapier einfach ein rechteckiges Stück Papier aufrollen, die Kante mit Klebestift festkleben und fixieren, bis der Kleber trocken ist. Knuspernüsse und Gewürzmischungen kommen am besten in Cellophantütchen zur Geltung.

Dosen und Stoff Das Sammeln einer kleinen Kollektion origineller Gebäck-, Tee- oder Gewürzdosen zum Verpacken von Keksen und Weihnachtsplätzchen lohnt sich. Geschirrtücher und Servietten sind eine praktische Verpackung für Brot und können anschließend anderweitig verwendet werden. Gut sehen Geschenke in fantasievoll bedruckten Stoffen eingewickelt aus. Damit der Stoff nicht ausfranst, die Ränder mit einer gezackten Schere abschneiden.